会社のITはエンジニアに任せるな！

成功率95.6%のコンサルタントが
IT嫌いの社長に教えていること

白川 克
Masaru Shirakawa

ダイヤモンド社

はじめに

この本は、Yahoo!や楽天のような、いわゆる「IT企業」にお勤めの方に向けて書かれた本ではありません。そして、プログラマーのようなITエンジニア向けでもありません。製造業や流通といった普通の会社に勤める、営業や経理や企画や生産管理といった普通の仕事をしている方に向けた本です。

ではなぜ、タイトルに「IT」が入っているのか――。

これから説明しますので、ちょっとお付き合いください。

◉ITオンチのまま経営者へ

ある企業での営業改革プロジェクトに取り組んでいた時、突然、おめでたい発表がありました。お客さんのプロジェクト責任者が、新社長に就任することになったのです。「いやー、こんなこと言っていいのかわからんけど、自分が一番びっくりしたよ……。社長に呼び出されて行ったら、やけにニコニコされててさ……」

このことが、この本を書くきっかけになりました。新社長はそれまで、プロジェクトを成功に導くべく、オーナーとしての熱い思いをわたしたちにぶつけ、日々議論に多くの時間を割いてくださっていました。わたしたちもそれに応えるべく、どうしたら会社がよくなるのかを考え、その会社にかなり耳が痛いことも含め、何でもぶつけ返していた。つまり、クライアントとコンサルタントという関係を超え、いわば同志として最高のプロジェクトを作り上げつつあったということです。

そういう大変お世話になっている方へのお祝いに、何かプレゼントできないだろうか。玄関に飾る蘭のようなありきたりの「もの」ではなく、わたしだけが贈ることができる「知恵」を。

新社長は、敏腕営業マンとして鳴らしてきた方です。組織の長として皆をまとめ上げる力もすごい。一方で失礼ながらウィークポイントを挙げると、「ITを経営にどう使うか」の土地勘がありませんでした。彼のような叩き上げの社長によくあることですが、「ITオンチ」だったのです。

ひるがえってわたしのほうは、経営と業務とITをつなぐ仕事をしてきました。だったら「ITを会社の武器にする方法」を、ITエンジニアでない方でも理解できるようにわかりやすくレクチャーするのが、一番のはなむけになるのではないだろうか。

こうして、この本の元となった社長向けのプレゼンテーション資料は作られました。

キャリアの途中で集中的にＩＴに関わった幸運な一部の方を除き、多くのビジネスパーソンは彼と同じ境遇にあるのではないでしょうか。自分の持ち場でいい仕事をし、周りから評価もされてきた。これから責任がますます重くなる。「業務や経営を考えるうえでＩＴが欠かせない」と盛んに言われているし、これまでの仕事で実感することもあったけれど、よくわからないままここまで来てしまった。

この構図は、英語コンプレックスに似ています。「これからのグローバルビジネスを生き抜いていくうえで英語は必須！」と言われているけれど、忙しさにかまけて英語を鍛えてこなかった。それと同じように「ＩＴは大事らしいが、自分自身はＩＴオンチ。うーん」。

ＩＴコンプレックスです。学校でＩＴについてまったく教わっていないので、英語コンプレックスよりもタチが悪い。いざ勉強しようと思った時の土台がないから、どこから始めていいのかもわからない。いまさらプログラミングを学んでも仕事に活かせる気もしないし……。

この本は、そんな方々に向けて書かれました。もしあなたがすでに経営幹部なのであれば、ＩＴを会社の武器にするために経営幹部として明日からできることが、この本に書いてあります。もしあなたが現場の第一線でバリバリ仕事をしているようなビジネスパーソンなのであれば、業務改革やＩＴ構築プロジェクトでエンジニアではない自分が何をすればいいのかや、ITエンジニアとのコミュニケーション方法がわかるでしょう。それはもちろん、経営幹部としてITについての意思決定を迫られる将来に向けた、素晴らしい予行演習にもなるはずです。

◉誇りある工場、誇りなきIT

わたしはコンサルタントとして、さまざまなお客さんとのさまざまなテーマのプロジェクトを支援しています。お客さんの業種は金融業からサービス業まで多様なのですが、製造業のお客さんとお仕事をする時は、やっているプロジェクトに関係なくても工場を見せていただくことにしています。

するとどこの工場を見学しても、働いている社員の皆さんが自分たちの工場を大切にしていること、誇りを持っていることを強く感じます。例えば日野自動車の工場では、ラインの端っこでは鉄骨のフレームだけだったのに、ラインに沿って歩いていくとあれよあれよとパーツが取り付けられ、逆の端では20トントラックが走りだします。ああ、もの作りってこういうことね、としみじみ思います。

見学を案内してくださるのは、たいてい職場長にあたるような方々で、印象的なのは、彼らが自分たちの工場を清々しいまでに「自慢」することです。

● 機械が最新鋭で、特別な加工ができる
● ラインがいかに効率的にデザインされているか
● どのような工夫で生産性を高めているか

「これが俺たちのラインだ、どうだ見てくれ！」という誇りが伝わってきます。

工場（機械設備や生産ラインのデザイン、働き方のノウハウなどを含めた、広い意味での工場）は、莫大な時間とお金を注いで練り上げてきた製造装置です。「装置産業」という言葉があるとおり、「自分たちはこの装置を武器に戦っていく」という意識を社員は持っていますし、実際に自社の利益の源泉なのです。

第1章で詳しく説明しますが、いまやＩＴも、会社を支える重要な「装置」です。ビジネスの命運も握っています。にもかかわらず、自社のＩＴを誇りに思っている社員はほとんどいません。会社を訪問してＩＴの話をすると、「ウチは業界№1企業なんて言われてますが、ＩＴはこんな感じなんですよ。お恥ずかしい限りで……。他社さんどうしているんですかね？」という展開によくなります。そしてＩＴは「どちらかというと関係したくない厄介なもの」とＩＴ部門以外の多くの社員から思われているようです。

これを製造業に置き換えると、「ウチは世界一のオートバイメーカーだけど、ウチの工場はひどくて、とても人様に見せられないよ……。なんだか知らないけど、生産性も低いし……」という感じになるわけですが、こんな会社はあり得ないですよね。ところが、製造業にとっての工場と同じくらいＩＴが重要なビジネスであっても、多くの会社の業務担当者や経営幹部は「ウチはＩＴをうまく使いこなせていない。経営の武器になっていない」とおっしゃいます。では、「ＩＴを武器にできていない」とは、実際にどういう状況でしょうか？

①一つひとつのＩＴプロジェクトが失敗し、投資の成果を刈り取れない

ＩＴを武器にすべく、貴重な資金や人材をＩＴプロジェクトに投資するものの、失敗の連続。使いこなす以前に、ちゃんと完成しない状況です。

②投資すべき時に適切なＩＴ投資判断ができず、時代遅れの武器で戦う羽目になる

一つひとつのプロジェクトが失敗してきた過去があるから、経営者としてもＩＴ投資をためらってしまう。そうして同業他社がミサイル防衛システムで戦争している時に、火縄銃で闘っていることに、ずいぶん経ってから気づくのです。

③ＩＴ部門や人材が弱体化し、戦略実行の足かせになってしまう

①、②の結果、攻めのＩＴ投資ができず、いまあるＩＴの現状維持が精一杯になっていくと、会社のＩＴ力が衰えてきます。ＩＴ部門も業務部門も、入社以来、新しいＩＴを作る仕事をしたことがない社員ばかりになってしまうからです。

④ＩＴが経営を変えるきっかけになっていない

①〜③の状況が積み重なり、「ＩＴによって会社を変える」という実感もありません。ＩＴに対して「業務を回すために仕方なくお金を使わざるを得ない、税金みたいなもの」という感覚を持っている経営幹部や業務担当者が多いことでしょう。

こういった状況に陥らないために、またこの状況から抜け出すためには、**経営幹部と業務担当者が主体的にＩＴに関わるしかない、ＩＴ部門や外部のＩＴベンダーに丸投げすべきではない**、というのがこの本を通じて、わたしが言いたいことです。つまり、ＩＴを自社のコア業務だと思っていないこと自体が問題の発端なのです。

もちろん経営者は企業のさまざまな仕事への目配りが必要で、その割に時間は有限です。（もともと苦手な）ＩＴくらいは別の人に任せたい、と思うのも人情でしょう。業務担当者だって、在庫管理やら人材育成やら新製品開発などの自分の仕事があるのですから、ＩＴはＩＴ部門が責任持ってやれよ、とも思っていることでしょう。

ですが、それが許されない状況にとっくになっているのです。だからこそ、わたしもお世話になっている新任社長さんにわざわざ時間を割いていただき、ITのイロハについてお話ししたわけです。この「ITエンジニアでなくても、ITに主体的に関わる」という話は、直感に反しているので、急に言われてもうなずきにくいと思います。そこで第1章からいろいろな角度からゆっくりと説明します。

◉本書の目的と特徴

本書の目的は、

- 「会社にとってITとはそもそも何なのか?」を解き明かし、
- それをベースに「ITを思うように会社の武器にできない理由」を探り、
- 武器にするための具体的な方法を提示すること

です。

もう少し日常の業務に即して言うと、「ITエンジニアと普通にコミュニケーションできるようになる」「ITエンジニアに丸投げするには重要すぎる意思決定を、アドバイスを聞きながら自分で判断できるようになる」「それらの積み重ねにより、会社にとって有効なＩＴを育てられるようになる」というあたりでしょうか。

いまやビジネスパーソンにとってのＩＴは、現代人にとっての自動車みたいなものだと思えばいいかもしれません。ほとんどの人は自動車を一から組み上げることなんてできません。最新の自動車テクノロジーを熟知しているわけでもありません。それでも自分で運転できたほうが便利だし、エンジンの原理ぐらいは知っていたほうが、何かあった時に専門家のアドバイスも頭に入りやすいでしょう。アドバイスをもとに、修理すべきか廃車にして新しいクルマを買ったほうがいいのか、自分の頭で考えられるようになります。それが大事なことなのです。

この本の想定読者は、ＩＴエンジニアではない普通の業務担当者や管理職、経営幹部の方々ですから、わかりやすさにはかなり気を使いました。具体的には、

(a) ＩＴの技術的な解説はしない。ネットワークもプログラミングも出てこない
(b) 最新の技術動向にも触れない
(c) 経営幹部や業務担当者にとって大事なことに絞る

という方針です。

(b)だけは少し説明が必要かもしれません。「ITを経営の武器にする」と言うと、すぐに「クラウドが……」「ビッグデータが……」などと、その時点でのITトレンドの話をしたがる人がいます。ところが、先に挙げた「ITについて、大事なことは自分で判断できるようになる」という目標のためには、こういったITトレンドを追いかける必要はほとんどありません。

例えばクラウド。もちろん「クラウドを使わなくていい」と言っているわけではありません。むしろ逆で、クラウドは便利だしコストが劇的に下がることも多いから、有力な選択肢として検討し、使うべきところで使えばいいのです。言ってしまえばそれだけのことです。原理原則を理解したうえで、自社にメリットがあれば取り入れる。なければ無視する。それを判断するうえで情報が足らなければ、社内外のプロフェッショナルの意見を集めればいいのです。

それよりもITエンジニアではない経営幹部や業務担当者が考えるべきは、「新しい技術を使って何をするか」「ビジネス構造が変わるのか。単にコストが安くなるだけか」「新しい技術を当たり前のように使いこなせるIT部門をどうやって作るか」であるべきでしょう。

図A

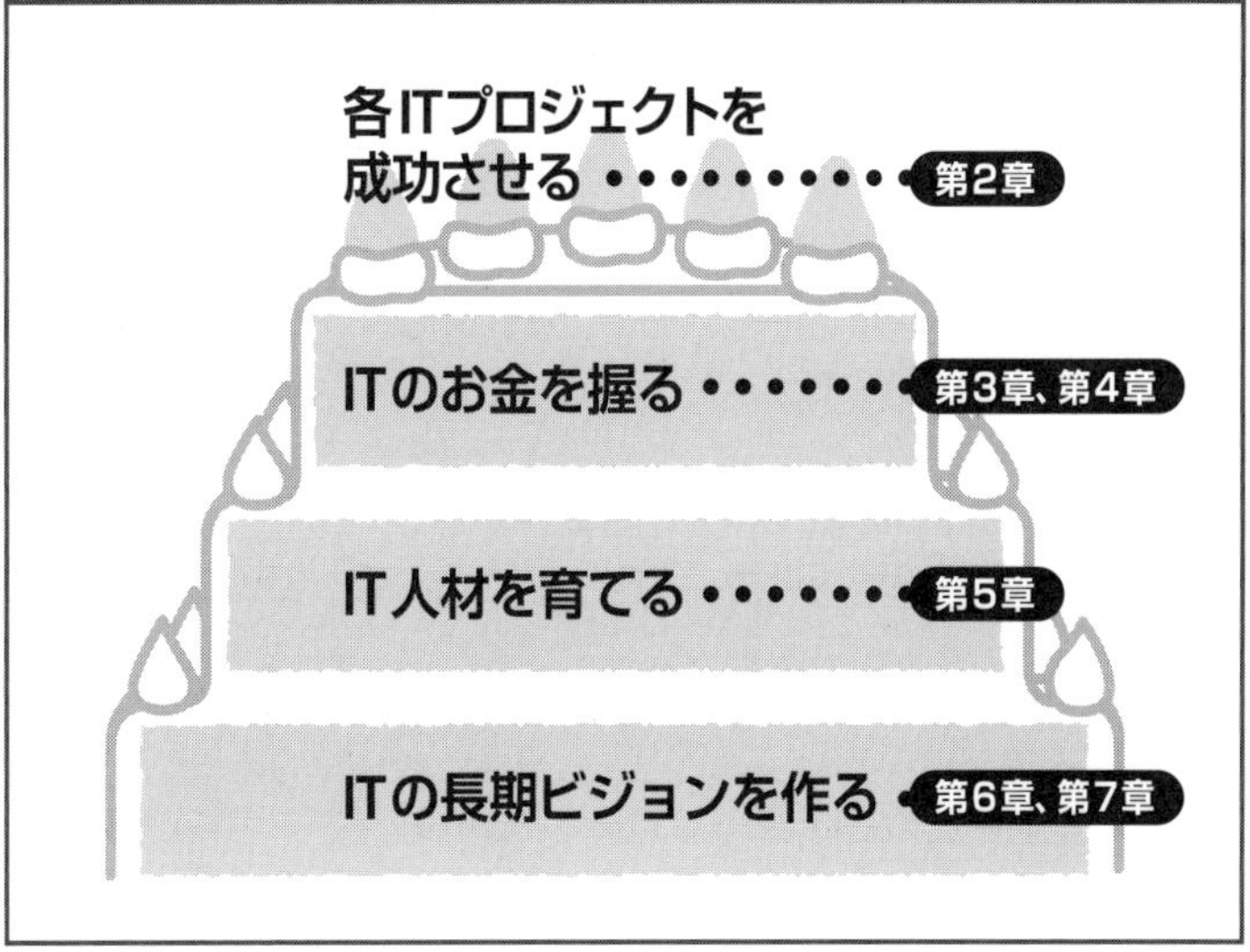

そういったことを考える土台として、第1章では「会社にとってITとは何なのか」と「ITを思うように会社の武器にできない理由」という、会社とITの関係についての原理原則を説明します。この原理原則を理解すれば、以降の説明がすっと頭に入るようになるでしょう。

第2章から先では、ITを会社の武器にするための具体的な方法として、重要な4つのテーマを取り上げます。ITプロジェクトの成功のさせ方（第2章）、ITのお金の握り方（第3章と第4章）、ITを支える人材の育て方（第5章）、ITの長期ビジョンの作り方（第6章、第7章）です。

この4つは、ITを会社の武器にするためにITエンジニアに任せっきりにはできない仕事です。**ITの仕事なのに、ITエンジニアだけではどうしてもうまく対処できない構造**になっているのです。逆に言えば、経営幹部や業務担当者がこの4つさえしっかりやっていけば、厄介者のように見えたITが、会社にとって武器になるのです。

ケーキに見立てると、「ビジョン、人材、お金」がスポンジの土台になり、その上にプロジェクトがイチゴのようにのっています（図A参照）。会社に価値をもたらすのは、一つひとつのプロジェクト（イチゴ）の成功ですが、そのためにはこの3つの土台（スポンジ）がしっかりしていることが大事なのです。

土台よりも身近なプロジェクトの話のほうがわかりやすいと思いますので、本書の構成としてはケーキを上から順に説明します。

そして最後に、経営・業務とITが一体となり、ITのお金や人材やビジョンについて議論している事例を第8章で紹介し、この本を締めくくります。

◉著者の立ち位置

わたしはケンブリッジ・テクノロジー・パートナーズという会社のコンサルタントとして、経営・業務・ITの真ん中に立ち、隙間を埋める仕事をしています（図B参照）。社外

図B

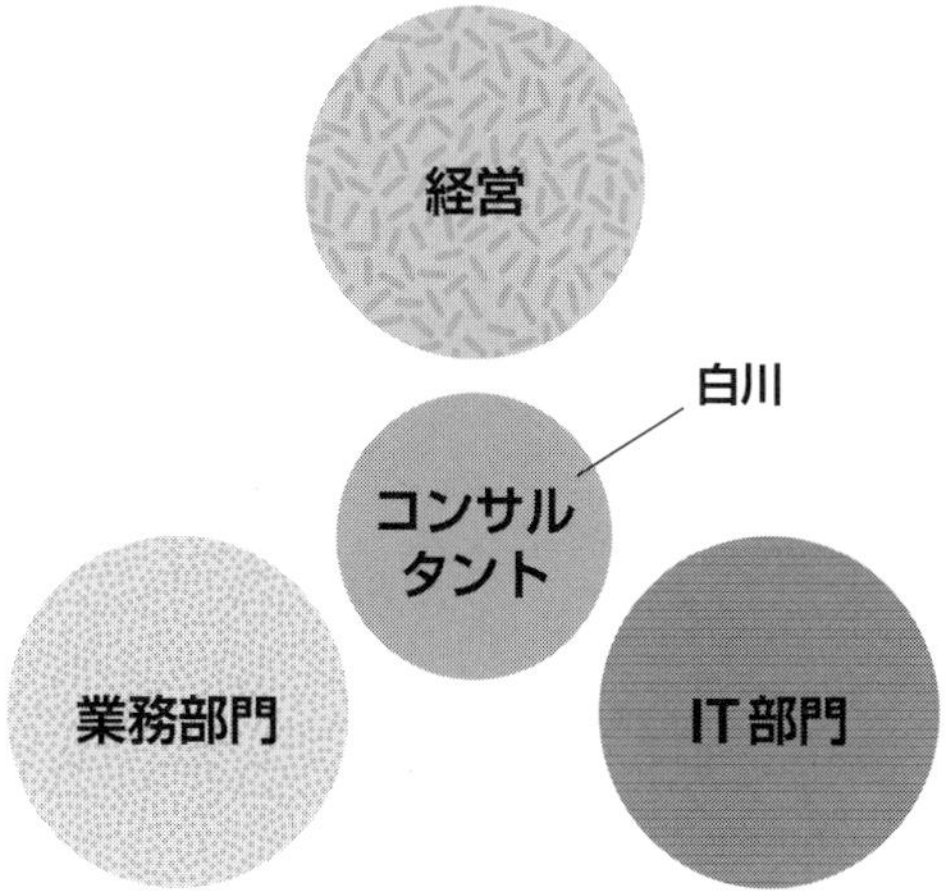

から来たわたしが、企業の3つの立場の言葉をつなぎ、やりたいことをすり合わせ、ひとつのチームにし、プロジェクトを成功に導く。

経営幹部には業務の事情やＩＴの技術的な問題点を説明し、経営判断を促します。業務担当者には経営視点での費用対効果やＩＴを使ってできること、できないことをわかってもらうことになります。ＩＴ担当には業務要件を噛み砕いて説明しつつ、長期でのコストを考えたシステム構築について考えます。

こういう立場にいるので、経営幹部や業務担当者の方々に対して、ＩＴについてよく説明します。もちろん、単にＩＴの用語でＩＴの論理を説明してもうまくいきません。ともすると「カネばかりかかるブラックボックス」に見えるＩＴを、彼らの論理に沿って説明します。そうしないと、正しい判断ができないからです。つまり、この本に書いた話は、わたしの日常そのものです。

そして「会社にとってＩＴとは何か」「どうすればうまく使いこなし、利益の源泉にできるのか」といった基本的なことを、この本を通じて広く伝えることは、プロフェッショナルとしてのわたしの責任であるとも感じています。そうしないと経営とＩＴ、業務とＩＴとの断絶は埋まらず、ＩＴは日本企業のウィークポイントであり続けてしまうからです。

これからの話を読みながら、「これって、自分の会社に当てはめると、どういうこと？」「社内の誰に聞けば、この辺を説明してくれる？」「ウチの10年後をにらんで、どういう手を打つべきか？」と疑問を持ってください。その疑問をコンサルタントやＩＴベンダーに丸投げすることなく、ご自分で考えられるようになることが、この本の目的なのです。

ＩＴを会社の武器とするために、この本が少しでも貢献できますように。

会社のＩＴはエンジニアに任せるな！　目次

第1章 なぜ、ＩＴを会社の武器にできないのか 1

第2章 成功率3割を9割に引き上げるためにやっていること 37

第3章 異様に高いコストを下げる方法 67

第6章

結局、我が社のITはどこを目指すのか

第7章

意志を込め、長い目で育てよう

第8章

そして、経営の足かせを武器に変える

227

第1章

なぜ、IT を会社の武器にできないのか

会社にとって、ＩＴとは何なのか？

多くの人は、ＩＴを道具（ツール）だと思っています。わたしもずっとそう思ってきました。特に、ＩＴを速く安く作るのが仕事であるＳＥからコンサルタントに転職した当初は「お客さんの仕事がよくなり、業績が上がってナンボなんだから、ＩＴは単なるツールに過ぎない。勘違いするな」と自分に強く言い聞かせていました。

ところがここ数年で、この「ＩＴはツールである」という言い回しが、会社にとってのＩＴを考えるうえで勘違いの元になっているのではないか、と思い始めました。「ＩＴ＝ツール」と考えると道具というイメージに引きずられ、「その時々に都合のよい道具を、どこかから買ってきて使えばいいや」と安易に考えてしまいがちなのです。経営幹部や業務担当者の立場からすると、「決裁書にハンコ押しといたから、あとは適当なのを買ってきておいて」というノリです。実際に「お金なら出すから、ちゃっちゃと使いやすいＩＴを用意してよ」とおっしゃる経営幹部の方もいます。

しかし、このような**「ITをそこらで売っている道具と一緒にする感覚と、そこから導かれる安易な丸投げスタンス」**こそが、ITを会社の武器にできない根本的な原因なのです。ITコンサルタントとして多くの経営幹部、業務担当者の方々と議論を重ねる中で、わたしもようやくそれに気がつきました。

もう少し正確に言うと、**会社で使うITには、「ツール型IT」と、それとは別に、会社にとって死活的に重要な「プラント型IT」がある**と考えるべきなのです。どういうことでしょう？　これはとても重要な考え方なので、少し丁寧に説明しましょう。

◉ツール型IT

典型的なツール型ITは、メールやプリンター複合機などです。例えば社員が遠隔でコミュニケーションする際に、

①数十年前は電報や電話を使っていた

②メールという道具を使うと、時間がずれていてもコミュニケーションでき、便利！

③遠隔地で議論するには、最近はWeb会議ソフトが道具としてこなれてきた

図1

ツール型IT

例	メール、自社情報を掲載するWebページ、プリンター複合機
複雑さ	ほぼ単機能／個々の機能が独立
業務との関係	業務と切り離しやすい
導入のしやすさ	売っているものを買ってくればそのまま使える。導入しやすい。買い替えも容易
購入判断	「価格に見合うか」のみで単純
差別化要素	ツール型ITのよし悪しは、競争力の源泉にならない

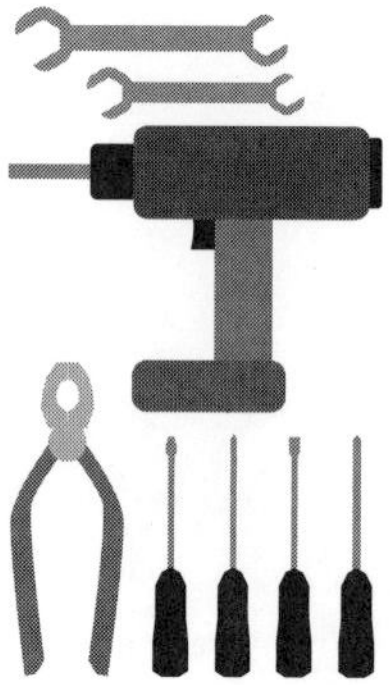

といった具合に、その時々で最適な道具を使いこなしていきます。

穴を開けたい時に使う電動ドリルのように、社外から買ってきて便利に活用する情報技術を、この本では**「ツール型IT」**と呼びます（図1参照）。

他には、Webサイトの会社概要やIRのページもツール型ITの一例です。投資家に配布するために資料を何万部も印刷せずとも、自社の状況やポリシーを即座に伝えられる、便利な道具だからです。電動ドリルをホームセンターで買うのとは違って、さすがにこういったWebサイトがお店で買えるわけではありませんが、Webデザイナーや Webサイト作成業者にお任せすればそれなりのものに仕上げてくれます。少なくとも経営幹部が「もっとこういうふうに掲載したほうが見やすいのではないか」「情報はこういう並び順でないと業務が滞る」などと口うるさく指示を出す必要はありません。こだわるとしたら情報技術うんぬんではなくて、載せる文章そのものですよね。

同様に、いくらオフィスのコピーやプリンターが高度化したからといっても、総務担当者が機種を選定し、経営幹部は決裁書類にハンコを押せばいいだけの話です。それは、Webサイトのトップページやプリンターはどんなに便利でも、競争優位を作るためには役に立たないからです。だから、経営や業務から独立した仕事にしやすい。あたかも電動ドリルと人間の手が切り分けやすく、お金さえかければ次々と最新型に取り替えていけるのと同じです。

◉プラント型IT

一方で、会社には「ツール」と呼ぶにはあまりに複雑で、あまりに会社の業務そのものと密着した、**「プラント型IT」**とでも言うべきITもあります。

プラントというのは、次のページの写真のような複雑な工業施設のことです（この写真はわたしが新幹線から撮影した、徳山にある出光興産の石油プラントです）。石油精製産業は「装置

産業」と呼ばれますが、それは会社の主な資産が生産装置、つまりプラントであり、プラントを操業して製品を作ることが事業そのものであり、利益の源泉でもあるからです。
もちろんプラントは単なる道具ではありません。石油の精製プロセスに従って、多くの複雑な設備が完璧に組み合わさってできています。道具のようにどこからか買ってきたわけではなく、長い時間をかけて緻密に設計、構築された設備の集合体です。
実は会社にとって本当に重要な、業績を左右するＩＴをよく観察すると、電動ドリルのような「ツール」よりはるかに、「プラント」に似ているのです。

図2

某社の販売管理システム

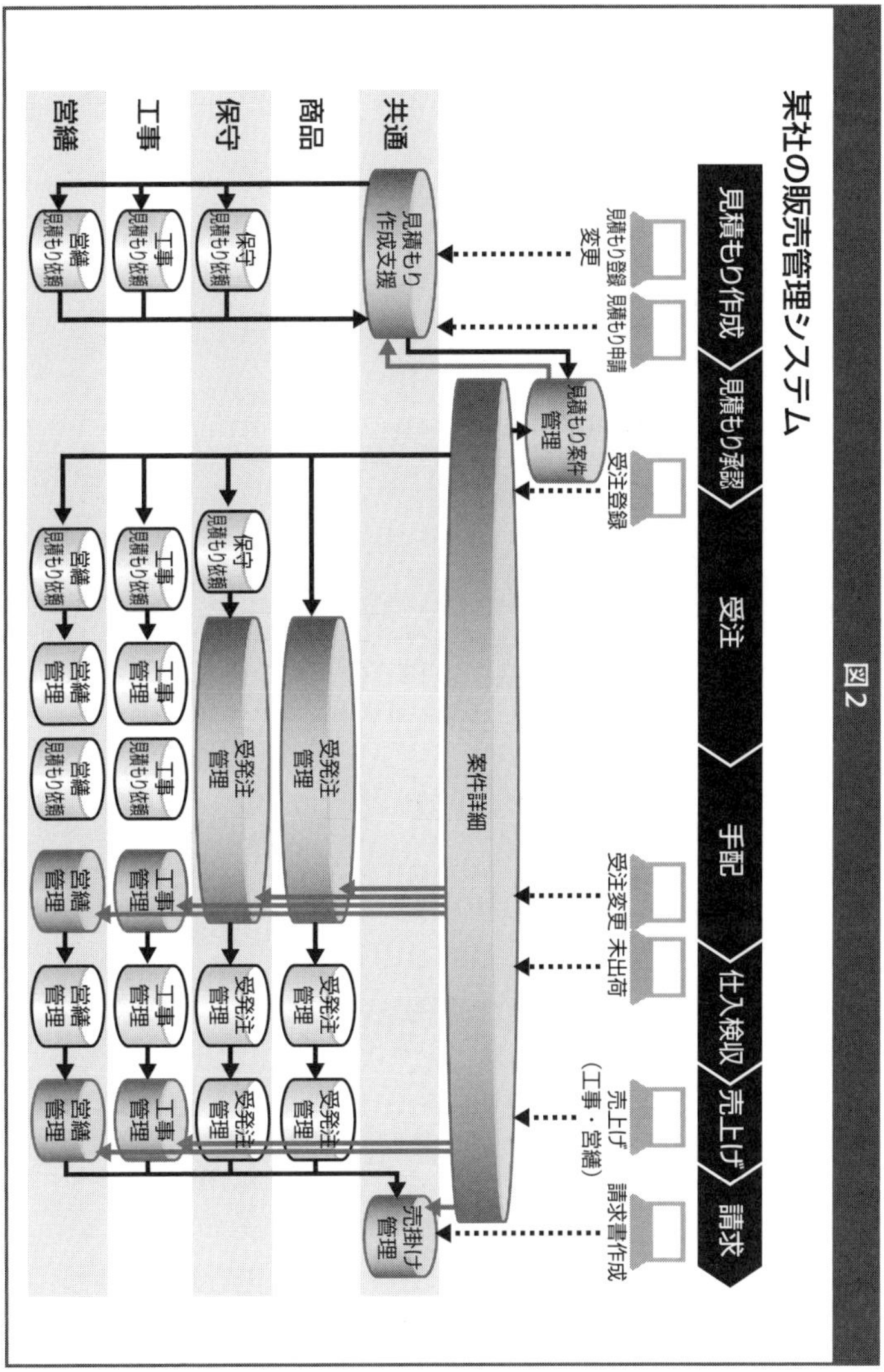

典型的なプラント型ITである、販売管理システムを例にとってみましょう。営業担当者は販売管理システムを使って見積金額を算出し、この金額で売っていいか？　について、社内決裁を通します。狙いどおり顧客が買ってくれたのであれば、受注情報（誰に何がいくつ売れたのか、どこに納品するのか……）をシステムに登録し、在庫データには「このお客様に納品予定」とツバをつけておきます。もし在庫がないようであれば製造指示を出し……といった具合に、いまや大企業であれば商品を売るプロセスは、完全にITの流れに沿っています。

人間が**道具としてITを使うというよりは、ITが人の働き方を決めている**、と言ってもいいでしょう。その証拠に、営業マンが売るアテもないのに在庫にツバをつけようとしてもシステムからエラーが返され、できないはずです。まるで原油がプラントの中を流れていくにつれてさまざまな化学製品になっていくのと同じように、**業務情報がITの中を流れていくことで業務が進み**、最終的には商品が顧客の元に届き、お金を受け取り、経理仕訳が記録されます。

図2は、ある会社の販売管理システムの概要図です。左から、見積もり作成⇓見積もり承認⇓受注……⇓請求と仕事が進んでいくのに絡み合うように、プラント型ITが作られています。直感的にも、ドリルのような「ツール」というよりはプラントに近いですよね。

図3

プラント型IT

例	販売管理システム、生産管理システム、給与計算システム
複雑さ	いくつもの機能が複雑に組み合わさっている
業務との関係	業務と不可分。 業務の流れ≒ITの流れ
導入のしやすさ	どこにも売っていないので、 自社で作るしかない。 安易な交換不可
購入判断	綿密な投資計画が必要
差別化要素	プラント型ITのよし悪しは、 競争力の源泉

こういった業務と密接に絡みつき、業務を支えるＩＴのことを、この本では**「プラント型ＩＴ」**と呼びます（図3参照）。また単に「ＩＴ」と書いた時も、プラント型ＩＴを指していると思ってください。経営幹部や業務担当者が関心を持ち、深く関与する必要があるのがこのプラント型ＩＴだからです。

先ほど、ＩＲページはツール型ＩＴだと書きました。一方で、同じＷｅｂでもＡｍａｚｏｎの個人ごとにカスタマイズされたページなどは、プラント型ＩＴと考えたほうがいいでしょう。Ａｍａｚｏｎは顧客管理、商品情報、物流、外部業者との取引などがすべて複雑に作り込まれたプラント型ＩＴによって支えられている会社であり、わたしたちが見ているＷｅｂサイトはそのほんの表面に過ぎないからです。そして、Ａｍａｚｏｎという会社の競争力はほぼすべて、彼らのプラント型ＩＴに埋め込まれています。ＩＴがＡｍａｚｏｎのビジネスに与える重要性は、単なる道具というレベルをはるかに超えています。

プラント型ＩＴを別の比喩で表現するならば、企業にとっての血管とも言えるかもしれません。企業体に張り巡らされた血管がＩＴ、血管を流れる血が企業にとって重要な「情報」にあたります。ツールが簡単に持ち替えできるのに対して、血管や神経は体の内部構造ですから、よそから買ってくるわけにはいきません。成人病のように血管に老廃物が溜まっているのであれば、生活習慣から見直す覚悟が必要です。

ＩＴのよし悪しが、競争力に直結している

さて、「会社にとって重視すべきは、ツール型ＩＴではなくプラント型ＩＴである」という前提に立つと、会社とＩＴの関係についての理解が急に深まります。その理解は、Ｉ

Tを会社の武器にするために決定的に重要です。逆に言えば、ITを単なる道具だと思っている限り、重要な判断ミスを重ねることになりかねません。

以前、飲み会で金融業界の方が面白いことを言っていました。

「金融業にとってIT投資って、財務諸表（B／S、P／L）への影響が極めて大きい。顧客へサービスが提供できるかも、ITで決まる。社員の生産性ももちろんITによって決まる。結局僕らも、装置産業なんだよね～」

新しい金融商品を開発するのには大きなお金が必要ですが、そのほとんどはプラント型ITをコツコツと作り込むための費用です。ATMのようなユーザーの目に触れるところはわかりやすいのですが、その裏に、ビジネスロジックがびっしり詰まった、まさにプラントのような巨大なITが控えているのです。そして全国の支店ではプラント型ITに沿った業務が行なわれています。つまり、金融業では競争に打ち勝つためにプラント型ITを練り上げることが必須であり、だからこそ巨額のお金もつぎ込むのです。

では、プラント型ITが競争力に直結しているのは、金融のような一部の業界だけなのでしょうか。JUAS（日本情報システム・ユーザー協会）という団体が行なったアンケートでは、71・6％の企業が「ITなしではビジネスモデルが成り立たない」または「どちらかといえばITなしではビジネスモデルが成り立たない」と回答しています。「ビジネスモデルがITによって成り立っている」というのは、この本の表現で言い換えれば、**プラント型ITがビジネスを支えている**ということです。

産業別で見ると、「ITなしでは成り立たない」と回答した割合が一番少なかったのは、建築・土木で57・9％、一般的な機械製造業ですと68・3％、最多はやはり金融で90％という割合になっています（JUAS「企業IT動向調査2014」より）。

プラント型ITと会社の競争力についてもう少し具体的に、営業マン（営業ウーマン）の時間の使い方という切り口で考えてみましょう。言うまでもなく、営業マンの仕事は顧客に会うことです。顧客からの要望を聞いて製品を提案したり、社内につないで特別対応してもらったり、納品に立ち会ったり、時にお叱りを受けたり……。

ところがある会社で実際に調べてみると、顧客となんらかのコミュニケーションをしている時間は、仕事時間の20％にも満たない割合でした。顔を合わせての面談はもちろん、電話で納期の調整をしたり、作業現場に立ち会ったりといった時間をすべて合わせても、その程度しか割けていないのです（図4参照）。

この会社は顧客企業に対し、自社／他社製品を組み合わせて販売・導入しています。顧客独自の状況をヒアリングしたうえで、一社一社に合わせた提案を練り、納品まで一貫して営業がフォローする体制をとっています。顧客ごとにこまめなコミュニケーションが必

図4

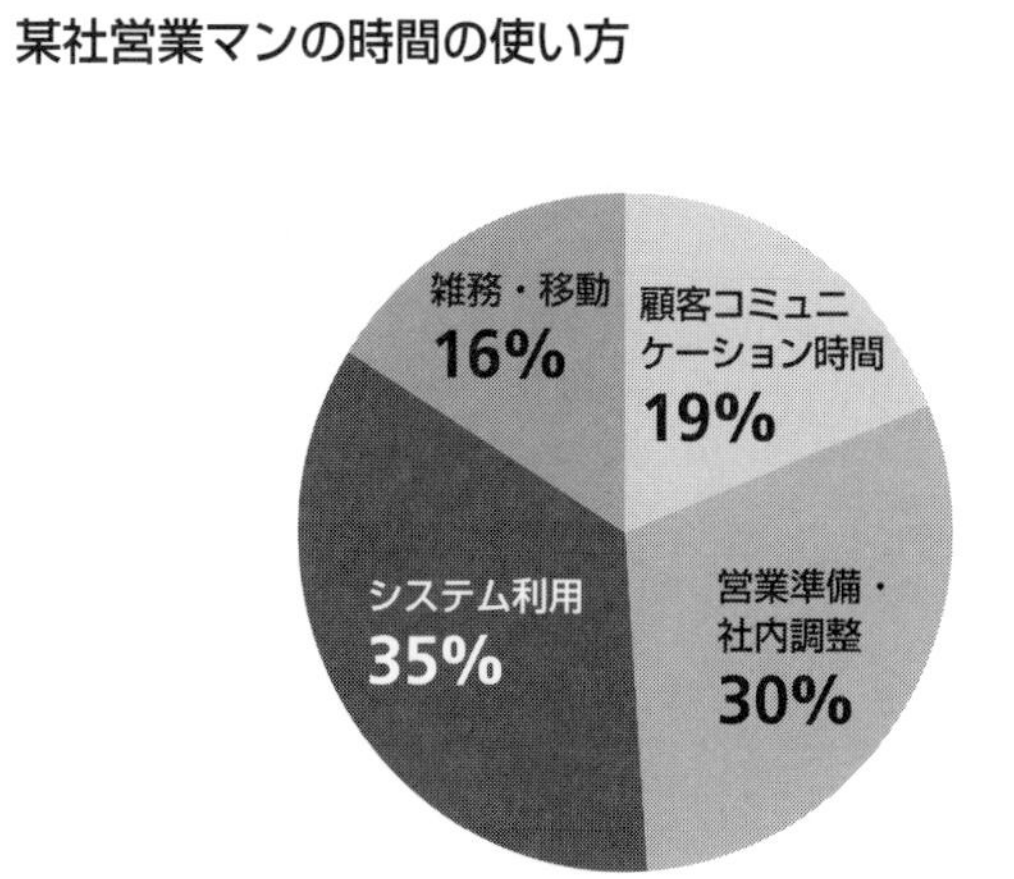

要とされる、一般的なB2B営業と言っていいでしょう。その会社の営業マン50人に1週間、すべての時間の使い方を記録してもらった結果を集計したグラフがこれです。

顧客とのコミュニケーションに19%しか時間を使っていないとすると、残りの時間は何をやっているのでしょうか？ 30%を占めているのは「営業準備・社内調整」。顧客に提案する内容を検討したり、上司や関係部署と調整するための時間です。顧客に合わせて提案内容をじっくり検討するのは営業の醍醐味ですし、営業には社内の各部署を動かす「ハブ」の役割がありますから、社内調整も営業の本来時間と言ってもいいでしょう。でも、ここまで足しても50%以下です。

実はこの会社の営業マンが一番多くの時間を使っているのは、**ITに向かっての作業**でした。具体的には、見積もりを登録するために膨大な商品群から商品コードを選び出したり、在庫の引き当てをしたり、納品日の確認をしたりといった作業です。先ほど販売管理システムについて説明したように、これらは典型的なプラント型ITです。この時間が全労働時間の35%も占めています。営業マンというと、顧客と会って信頼感を高めたり、自社の製品の魅力をアピールする姿を想像しますが、実は**「ITと格闘する人」である時間のほうがかなり長い**のです。

このことから、「顧客に会ったり、提案を練るような、**営業マンにとって本質的なことに時間を振り向けるためには、プラント型ITを磨き上げ、利用時間を削減しなければならない**」という推測が成り立ちます。

どの営業マンも売上数字を上げるために必死に仕事をしています。「もっと顧客の声に耳を傾けよう！」などとスローガンだけ語っても、物理的な時間がないならば、現場ではどうにもなりません。結局のところ、営業の質を上げるためにはIT利用時間のような、ボリュームが大きくて本来はあまり時間を割きたくない部分にメスを入れざるを得ないのです。ざっと計算すると、IT利用時間を半減できれば、顧客に会う時間を2倍に増やせるはずです。

もちろんこのグラフは1社50人だけのデータですが、多くの会社に出入りしているコンサルタントとして、多少の幅はあれども、他の会社でも似たようなものという実感があります。さらに、営業という外に出る職種ですらこういった割合ですから、経理や生産管理など、社内の仕事ではもっとプラント型ＩＴを使う割合は高くなります。

つまり好むと好まざるとにかかわらず、**業務のかなりの部分はプラント型ＩＴにどっぷり漬かっている。そしてそのよし悪しが、業務担当者の生産性に直結しているの**です。もしあなたが経営幹部や管理職であれば、部下が使っている（漬かっている？）ＩＴのことも最低限は理解しなければ、部下の仕事を見ていることにはなりません。

この調査から考えられることがもうひとつあります。それは、プラント型ＩＴのよし悪しが競争力に直結しているにもかかわらず、**会社の中にいる人がそのことに気がつくのは大変難しい**ということです。もしライバル会社の営業マンがＩＴ操作に20％の時間しか使っていないとしても、なかなかその差には気づきません。ライバルが新商品を発売したとか、値段がこちらのほうが高いといったことと違い、プラント型ＩＴの本当の性能についてはニュースにはならないからです。

以前、業界内での転職を経験した方が「前の会社で当たり前だと思っていたこと、例えば機能を要望すれば1、2か月後に作ってくれることが、いまの会社では全然やってくれないのでびっくりしました」と言っていました。会社ごとにIT構築力はかなり違います。逆に、前の会社の「ユーザーの要望に応じてどんどん機能を作ってしまう方針」が、コストや今後の保守を考えてない放漫投資である可能性もあります。どちらにせよ、プラント型ITのよし悪しや、それを構築・改良する組織能力の高さは、中にいる人たち自身は判断がつきません。

そして、もしライバルとの差が判明したとしても、簡単には追いつけません。ツールであればお店で買ってくれれば済みますが、プラントは時間をかけて作り込む必要があります。一朝一夕には追いつかないのです。

逆の立場でも考えましょう。本当に自社の業務に合ったプラント型ITがひと度できあがり、それがライバルを圧倒しているのであれば、その優位性は比較的長い期間保つことができます。もしライバルがまったく同じ装置を真似して作ろうとしても半年から2年ほどはかかるでしょう。そして真似して作ったITがライバルの業務や戦略にフィットしているとは限らないので、自社と同じ効果を上げるかどうかもわかりません。エアコンなどの家電製品では一社が独創的な商品を出して話題になると、翌年の夏にはライバル各社から類似商品が出揃いますが、プラント型ITではそういった追い上げはできません。

経営のスピードはＩＴが決める

会社ごとのＩＴ構築力にはかなり差がある、と先ほど書きました。実は、この影響はＩＴだけにとどまりません。経営全体のスピード、特に変革のスピードや成否に直結しています。

例えば、別の会社を合併するケースを考えましょう。経営陣としては、相手の会社に対する情報をきちんと集め、戦略的なメリット・デメリットを十分検討したうえでの決定でしょう。そうしていざ決定したら、速やかに業務や組織を一体化し、メリットをすばやく手にしたいと考えます。

しかし、それまでまったく別々だった業務を一本化するには、それぞれの会社で使っているプラント型ＩＴを統合しなければなりません。統合するまでは、それぞれの会社の商品をセットで売ることすら、膨大な手作業が必要になります。プラント型ＩＴが別々ということは、扱っている商品カタログがバラバラだったり、在庫管理業務も２つの会社で別々に行なうことを意味するからです。

そして残念ながら、プラント型ＩＴを統合するのは非常に難しく、時間もかかります。これがツール型ＩＴであれば、「明日からメールはこのソフトを使ってください」で済んでしまいます。プラント型ＩＴの場合はそもそも複雑ですし、仕訳の計上ルールや在庫の数え方などの業務ルールと密接に関係していますから、そこからすり合わせていくことになります。その後に「合併した会社は○○の情報が在庫データに含まれていないから……」などとデータ面のすり合わせをコツコツとしていきます。ですから、会社統合の１年後にプラント型ＩＴが統合できたのであれば、上出来と言っていいと思います。

こういった事情ですから、経営を構成するさまざまな仕事の中で、ＩＴにまつわる仕事が通常は一番時間がかかります。つまり経営が意思決定したことが実際に動き、**効果をあげるスピードは、その会社のＩＴが整うスピードと事実上等しくなる**のです。

ある社長さんはこのことを「マーケティングとＩＴは経営の両輪だが、ＩＴのほうが車輪が小さくて遅い。マーケティングでは機関銃のようにアイデアを出しては試していく。しかしＩＴがそれについてこない。結局、経営のスピードは一番遅いＩＴに決められているんだ」と表現していました。

「戦争の素人は戦略を語り、戦争のプロは兵站を語る」という例えがあります。戦略は「弾薬や食料を必要な場所に届けられるか」によって大きな制約を受けるので、戦略とほぼ同時に兵站を考えるべきだ、という意味でしょう。兵站を考慮しないまま机の上で戦略を練っても意味がない。現代の企業戦略とＩＴの関係も、この話に非常に近いと言えるでしょう。

とは言え、「じゃあ、なんでそんなに時間がかかるのか?」「もっと短くできないのか?」というのが素朴な疑問でしょう。本当にＩＴが経営のスピードを左右してしまうならば、ＩＴを何とかして会社全体をもっとスピーディーにしたいと思うのが自然です。そのために取り組むべきことについて、後の章でじっくりお話ししましょう。

ＩＴに手を入れないと、業務改革はできない

わたしがお客さんの会社で変革プロジェクトに参加する際にもっとも頭を使うのは、現状を調査・分析した結果をもとに、その会社のあるべき姿を構想し、有効な改革施策を組み立てる部分です。ここで考えた施策がプロジェクト計画の核となり、どれだけいいプロ

ジェクトになるのかを決めるからです。

さて、改革施策のアイデアを出す時、わたしが常に思っているのは、「なんとか、ITとは無関係の施策はないだろうか」ということです。わたし自身はITコンプレックスはないので、ITに手を入れる施策は苦にならないのですが、ITをいじるとどうしてもお金と時間がかかってしまうことが問題です。

初期投資額が大きく、効果が出るまでに時間が必要であればあるほど、投資を回収するプランは描きにくくなります。投資を回収できないというのは「やらないほうがマシ」ということを意味しますから、役割の変更やルールの変更、教育、売り方の工夫など、あまりITに触らなくて済む施策があれば、そちらを優先的に検討します。

それほどの思いで非IT施策を検討するにもかかわらず、リストアップした「改革施策の一覧」のうち**IT が無関係な施策は通常、3割ほどしかありません**（図5参照）。残りの7割はITをテコとして会社を変えていく施策か、やりたいことを成し遂げるためにITを大幅に組み替える必要がある施策に、どうしてもなってしまうのです。なぜかと言えば、ここで問題となっているITが、プラント型ITだからです。

プラント型ITは、道具というより血管や骨格みたいなものなので、企業の体にしっかりと絡みついている。というか、体そのものと言っていいでしょう。だから業務を変えよ

図5

IT 改革と業務改革は常にセット

ケンブリッジが支援する
業務改革プロジェクト

a.	最初から IT 再構築ありき	約 3 割
b.	分析の結果、IT に手を入れる	約 4 割
c.	IT 無関係	約 3 割

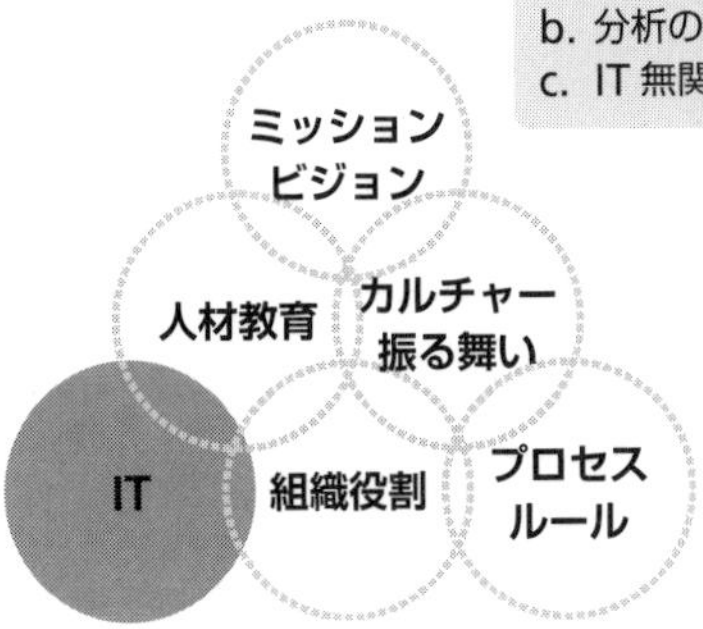

うとすると、同時に血管を切ったりつないだりする大手術になってしまう。

そして、そもそも血管や骨格などの内部構造が歪んでいること自体が、その会社の問題であるケースも多いのです。骨格であるＩＴが長年の積み重ねでおかしな構造になっていて、つられて体全体が歪んでいる。変なＩＴの周りで、人間が苦労しながらＩＴに合わせた仕事をしている構図です。

こうなると、歪みを正すには、骨格を作り直す大手術を検討せざるを得ません。大きな投資になってしまうので、本当に元が取れるのか、そもそもいま大手術をする体力があるのか、も見極めていくことになります。だからもち

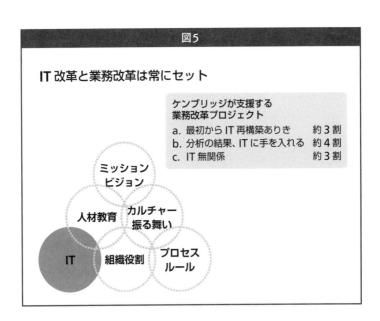

ろん、「やっぱりＩＴには手をつけずに、当面は凌ぐ」とか「小規模な手術で済ます」という選択肢を取らざるを得ない場合もあります。どちらにせよ、「ＩＴのことはわからないので、ＩＴに関係のなさそうなところだけ改革しよう」と言っていても、会社がよくなることはありません。

ＩＴに目をつぶった変革プロジェクトはあり得ない。そして変革プロジェクトをリードすることは、経営幹部や管理職の重要な仕事です。これが「ウチのＩＴは、ＩＴエンジニアに任せてあるから」と言ってばかりもいられない理由のひとつです。

買ってくるのではなく、経営・業務・ＩＴの三者で育てる

プラント型ＩＴは石油精製プラントと同様に、自社で育てなければなりません。そして「育てるものだ」と発想を切り替えると、考えるべきことが一気に増えます。

まず、「長い期間かけてどのように維持・発展させていくか」という構想が重要になってきます。最初の設計思想が場当たり的だと、5年後に拡張したくても、できないかもし

図6

**ITをきちんと構築し、運営するためには
3つの関係者が必須**

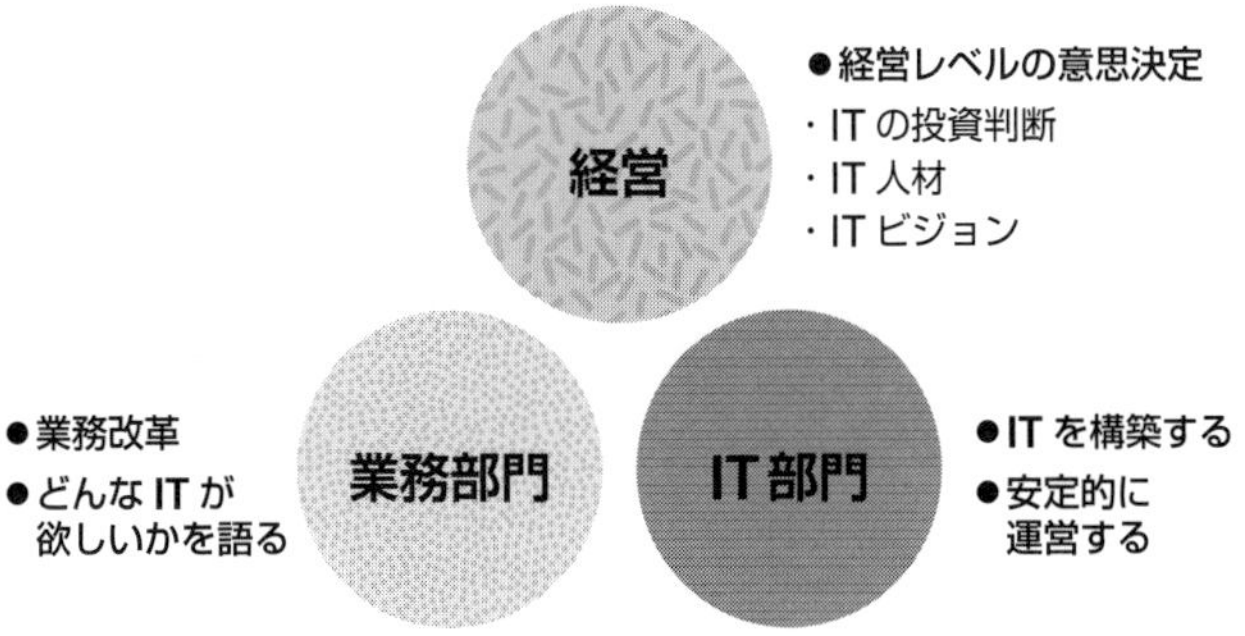

れません。これを「熱海の旅館状態」と呼ぶのですが、とても重要なので第7章（長期構想）で取り上げます。

さらに、育てるということは、最初にお金を出して終わりではなく、保守や拡張のコストがずっと必要となることも意味します。ITのお金については第3章と第4章でじっくり議論しますが、そこでは常に「初期費用だけでなく、維持費も含めた総コストをどう下げるか」が問題になります。

最後に、外から買ってこられないのであれば、自社でITを育てるしかありません。では、それを誰が担当するのか、という人の問題が浮上してきます。プリンターを選ぶのと、プラント

型ＩＴを育てるのは、難易度がまったく違うからです。ＩＴ構築を専門としているＩＴベンダーは数多くありますが、「本当に自社に合った、自社のためのＩＴ」を担保するのは、やはり自社の社員でなければできません。ＩＴのすべてを社外に丸投げすることはできないのです。だとしたら、社内の誰がこの仕事を担うのでしょうか。

その答えは**「経営幹部・業務担当者・ＩＴエンジニアの三者が協力して担わなければならない」**です（図6参照）。この図についてはこれから何度もお話ししますが、プラント型ＩＴに関わる3つの関係者を表しています。経営幹部であれば、会社全体の戦略をにらみながらビジョンを示したり、お金に関する最終決定の場面で関わりますし、業務担当者であれば、密接に絡むＩＴと業務をどのように変革すればよりよい会社になるのかを具体的に構想する場面で関わります。

わたしの仕事は、大企業の変革プロジェクトを成功に導いたり、この本のテーマと同様に、ＩＴを経営の武器に変えるお手伝いをすることです。そして、わたしがお客さんのところに伺って最初にやるのは、この三者にきちんと席についてもらうことです。

変革プロジェクトであれ、ＩＴ戦略を立案する仕事であれ、わたしが伺うタイミングでは、この三者がきちんと揃っていることはかなり稀です。ある時は業務部門から業務改革の相談を受けて、まずはＩＴ部門の方もプロジェクトに引き込むことをアドバイスします。

ある時は経営者から依頼を受けてIT戦略を作ることになり、無関係だと思っていた業務部門の人に、議論に参加してもらうように口説きます。

逆に、うまくいっていないプロジェクトやIT運営の話を聞くと、この三者の協力体制ができていないことがほとんどです。最初の段階では三者が一緒に議論していたのに、「あとはITを作るだけでしょ。ここから先はプロであるIT部門にお任せしますよ」という、残念なケースもあります。

ITは経営幹部が育てる

経営幹部とITの関係を考えるのに絶好の材料があります。みずほ銀行でのIT障害のことを、多くの人が覚えているのではないでしょうか。十数年前に起きた、3つの銀行が合併する際の障害。そして、東日本大震災直後に義援金振込みがきっかけとなった障害。

なぜ、あれほど大きな障害が二度も起きてしまったのか。さまざまな技術的な問題はあるものの、根本的な原因として『日経コンピュータ』誌は**「ITに強い役員が銀行の中核**

にいなかった」と指摘しています（2011年6月9日号）。金融機関におけるITの重要性の割には、経営陣がITを理解し、最重要経営事項として経営会議で議論する土壌がなかったのではないかと。

同じメガバンクでも三菱東京UFJ銀行は、CEOになる前のキャリアとしてCIO（IT担当役員）に就任する慣例があります。将来経営トップになるであろう幹部には必ずCIOとしてITの維持運用の責任を持たせ、会社の将来を左右するITプロジェクトの経験を積ませるのです。**「経営トップができる限りITに詳しくなっておくことが、我々の組織にとって百年の計」**という方針を、前身の三菱銀行時代から四半世紀も続けているのは恐るべきことです。慣例を作った方は、金融業とITの関係を鋭く見通していたと言えるでしょう。

先ほど「金融業ではプラント型ITが競争力に直結しているので、巨額の投資をする」と書きました。実は投資するのはお金だけではなく、「企業でもっとも貴重な資源である、将来CEOになるようなとびきり優秀な人材」をもつぎ込んでいるんですね。いわば「金融業はIT装置産業である」という自覚のもとに、ITに資源を惜しげもなく投じ、競争に打ち勝っていこうという戦略です。

なぜ、最優秀の人材までもITにつぎ込むのか。一言で言えば、そうしないときちんとしたプラント型ＩＴを構築し、運営できないからです。出光のような石油会社の経営者が「プラントのことはわからないので、メンテナンスから投資まで、誰かに丸投げしている」ということはないでしょう。製品を作るためにどのようなプラントを作り、メンテナンスし、ニーズが変わった時にどう対応させるか……などなど、非常に高度な意思決定が求められます。巨額投資になるので、資金調達や償却についても難しい経営判断が必要となりそうです。それとまったく同じように、通常の会社におけるプラント型ＩＴにも経営幹部が深く関わる必要があるのです。

業務部門も、ＩＴを育てる

プラント型ＩＴはどこにも売っていませんし、簡単に取り替えるわけにもいきません。何しろ自分の会社の業務と絡み合い、業務がＩＴを規定し、ＩＴが業務を規定している状態です。プラント型ＩＴを替えるためには業務を替える必要がありますし、業務を替えるためにはプラント型ＩＴを替える必要があります。プラント型ＩＴを考えることは、業務を考えるのとほぼ同義ですから、業務担当者が構想と構築に深く関わる必要があります。

ある会社のプロジェクト事例で、もう少し具体的に説明しましょう。その会社は、他ではあまり聞いたことのないビジネスモデルで急成長していました。しかし、どうも業務が生産的ではなく、このままでは今後の急成長に耐えられないのではないか、という危機意識のもと、わたしたちに声をかけてくれました。

業務実態を調べるうちに見えてきたのは、いま使っているITが業務にフィットしていない状況です。ITを動かすために、社員の皆さんがあっちに情報を入力し、こっちからデータを引き出して、加工してから別のシステムに登録し……といった具合で、**まるでITの尻ぬぐいこそが仕事**といった趣きです。

いま動いているITが作られた時の様子を伺うと、なぜこうなってしまったのかを、おおよそ理解できました。

①ITの構築や予算が（どこかで）決定され、IT部門に指示が下る
②IT部門しか参加しないプロジェクトが作られる
③手頃な業務パッケージを選び、導入開始
④特殊なビジネスモデルのため、自社の業務とパッケージがあまり合わない

⑤そのギャップを解消すべく、手作り機能をパッケージに上乗せ開発
⑥予算が限られているため、開発し切れない機能は諦めて手作業で対応
⑦完成後、ユーザーの評判は「まあこんなもんか」という雰囲気

どこの会社でもありそうな、ITプロジェクトの顚末です。当時、IT部門としてはかなりベストを尽くし、自分たちの仕事をやり切ったのではないでしょうか。多くのことが予め決められており、業務部門の協力を得にくい状況で、おおよそ予算内にITを作り切ったのですから。

一方、IT部門ではなく経営視点でこのプロジェクトを振り返ると、もっとやりようがあったのでは、という疑問が浮かびます。現に、業務効率化にはあまり貢献していないITになってしまったわけですから。最大の問題は、経営幹部と業務部門の関与不足です。図6の3つの◯（円）のうち、IT部門の◯だけが大きい、いびつな三角関係のプロジェクトだったのです。

では、もし経営幹部と業務部門がしっかり参加していたら、何が変わったのでしょうか？真っ先にやるべきだったのは**「ITを作る前に、将来業務のあるべき姿をしっかり描くこと」**です。先に説明したように、この会社は少し特殊なビジネスモデルを採用しています。

この、他とは違うビジネスモデルこそが、この会社が存在している理由でもあり、利益を生む源泉です。従って、ＩＴを構築する前にいま一度そのことを確認し、理想の業務のあり方を明確にすべきだったのです。そのためには、ＩＴ部門というよりも、業務を実際にやっている方々こそが、自分の頭と経験を使ってウンウン悩むべきでした。

理想の業務像を描けたならば、ようやく重要な経営判断ができるようになります。例えば、

- このビジネスモデルのまま、今後も成長を続けられるか
- よくあるパッケージにフィットしないならば、コストをかけて手作りしてでも、このビジネスモデルをやる価値があるか
- あるいは、世間と合わない業務はすべて手作業にする覚悟があるか
- このビジネスモデルは１００％妥協の余地がないのか。幾分整理することでＩＴコストが大きく下がるなら、議論の余地はあるのか

などです。これらはＩＴプロジェクトに大きく影響を与えますが、経営方針そのものでもあります。判断に必要な情報は業務担当やＩＴ担当が集めますが、最後に決めるのは経営

幹部であるべきでしょう。

このような、業務担当による将来像の議論も経営幹部による経営判断もないまま、前のプロジェクトは進みました。

もう一度繰り返します。**ＩＴを構築し、運営していくためには、経営・業務・ＩＴの三者がきちんと主体的に関与することが必須**です。

なぜ、ＩＴを会社の武器にできないのか？

「ＩＴ部門の連中は、俺の言ったことをすぐに実行できないグズなヤツらだ」

「カネばっかり使いやがる」

「あんな簡単なことなのに、半年もかかると言っている。経営のスピードというものが、まるでわかっていない」

「けれども、あいつらの力を借りないと、俺のやりたいことはできないんだよ。それがなんとも歯がゆいんだ」

これらはあるやり手社長さんから伺った、自社のIT部門に対する愚痴です。彼は優れた商売人でアイデアマンなので、どんどんやりたいことが思いつきます。しかしITが足かせになって、なかなか実現できない。かなり鬱憤がたまっているようでした。あなたが経営層や業務担当者などの非IT人材であれば、「そうそう、ウチも……」と思うことでしょう。

なぜ、ITを会社の武器にできないのか？

ここまでお付き合いくださった皆さんには、もうおわかりかと思います。本来プラント型ITは経営幹部、業務担当者、ITエンジニアの三者が協力して作り上げるべきものです。そして、社内の重要な資源である優秀な人々の時間をつぎ込む価値があるくらい、会社の将来を左右する、死活的に重要なものです。しかしながら「ITはしょせん道具に過ぎないのだから、IT部門がさっさと用意してよ」という安易なスタンスで臨むと、業務に密着したITが作れず、結局のところ武器にならないのです。つまり、**ITは誰かに丸投げするには大事すぎる**のです。

経理がわからない経営者はいないと思います。お金の流れが止まると会社は死にますし、経理のおかげで、お金の流れを通して会社を俯瞰できるからです。同様に、情報の流れを通して会社を俯瞰するのがITです。そして**お金の流れと同様、情報の流れが止まっても、**

会社は死んでしまうのです。

COLUMN

経営者は、ＩＴで会社を思いどおりに動かせ

経営にとってのＩＴの使い方を、別の切り口でも考えてみましょう。それは「経営にとって、**ＩＴは経営幹部が会社を思いどおりに動かすための仕組みである**」という考え方です。

例えば「常連客を大切にしよう」という経営方針があったとします。社長はこれを浸透させるために、朝礼で話したり、メールで送信したり、大切にしない社員を怒鳴ったり、さまざまな方法を使います。なんにせよ「自分の考えを会社にどう浸透させ、理想どおりに行動してもらうか」というのは社長の永遠の課題ですから、苦労していることでしょう。

その「どうやって社員にも常連客を大切にさせるのか」を実現するための究極の方法として、「常連客の扱い方をＩＴに組み込んでしまう」という方法もあるのです。

● **過去10か月に8回以上、商品を購入した方を常連客と見なす**

- **常連客には常に5％引きで販売する**
- **常連客に限って、常に即日配達できるようにする**

などと、ITにロジックを組み込み、自動的に業務が行なわれるようにしてしまうわけです。社員が対応するのに比べて味気ないのですが、朝礼で口を酸っぱくして言うのに比べて確実に実行されますし、何千人もの常連客に対応することもできます。

実際にAmazonのWebサイトを通じて提供される顧客サービスは、ほぼすべてが創業者ジェフ・ベゾスの方針に基づいています。彼が示した方針をエンジニアがプログラムとして表現し、実際に顧客にサービスされるわけです。逆に言えば、わたしたちAmazonの顧客がWebサイト上で経験するすべてのことは、ジェフ・ベゾスの一貫した経営方針に沿っています。

どの程度徹底するかはともかく、普通の会社でも、前記の常連客への対応のように販売管理システムにロジックを埋め込めば、同じことになります。

プラント型ITを作っていると実感するのですが、作るための議論の大半は、実はこういった**「ITにどのような経営指示を組み込むべきか」**なのです。プログラミングのはるか前の段階で、「そもそも業務がどうあるべきか」「理想の業務像を、ITを使ってどのように固定化するか」を議論します。

相手は融通がきかないコンピュータですから、指示を教え込むのは人間に比べて面倒なのですが、一度教えてしまえば何度でも飽きずに繰り返します。相手が人間なのか機械なのかが違うだけで、部下に仕事を教えるのと本質的には同じです。つまり、**プラント型ITは「ちょっと取っ付きにくいし面倒だが、使いこなすとすごいパワーを発揮する、経営指示の手段」**と言えます。

プラント型ITを使わなくても、経営ができないわけではありません。昔のように朝礼で会社方針を話し、規定を決め、イレギュラーなことがあれば、そのつど決裁を仰がせればいいわけですから。ただしそれは現代において、**携帯電話を使わずに狼煙《のろし》を使って連絡を取り合うようなもの**だと思ってください。プラント型ITという強力な武器を使いこなさずに、旧時代の武器だけで組織に指示を飛ばしてビジネスに勝とうとするのは、それくらい時代錯誤なことなのです。

そして、このように経営としての理想像を議論し、ITで固めるというスタンスではなく、「買ってきたITを道具として使おう」という発想では、時にITが武器ではなく足かせになってしまうのも道理です。

これが、「ITのことはよくわからないから○○君に一任するよ」と経営幹部が言ってはいけない理由です。**プラント型ITを作ることは、組織へ経営幹部の意思を浸透させる**

ことと同じです。経営とほぼイコールなのです。それを丸投げするのは「会社やビジネスがどうあるべきか」を決める仕事を、目をつぶって誰かに丸投げするのと同じことになります。単に「会社の一部門のことに、そこまで関わっていられるか」と言って済む問題ではありません。

第2章

成功率3割を9割に引き上げるためにやっていること

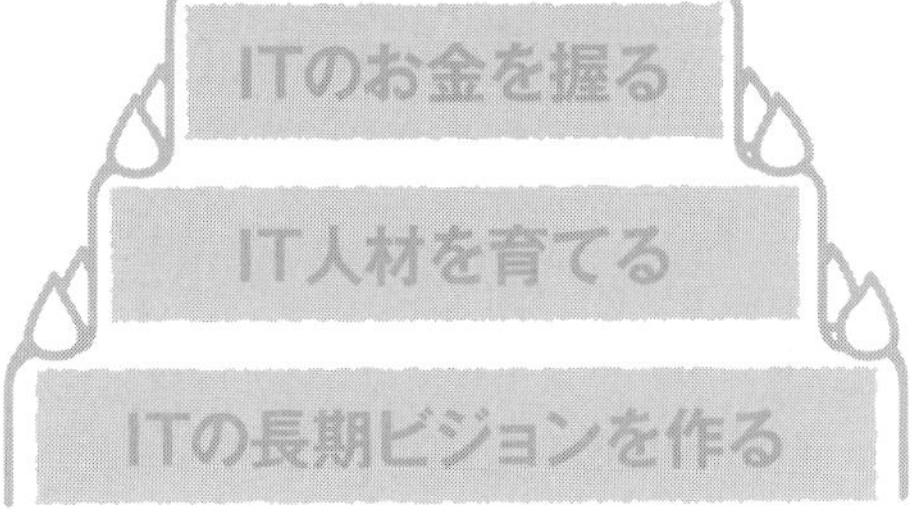

さてここからは、ITで会社をよくするために理解しておくべき、4つの具体的なテーマを順にお話ししましょう。この章では最初のテーマ、ITを作るためのプロジェクトの成功と失敗についてお話しします。

ITプロジェクトは、失敗するのが普通

ITプロジェクトの成功率は30%程度※です。

と、さらりと書いてみましたが、これはすごい数字です。逆に言えば、7割が失敗するわけですから。よくITのプロジェクトはビルの建築に例えられるのですが、ビルの世界では「10棟建てたら、そのうち7棟が建たなかった」なんて話は聞いたことがありません。ITのプロジェクトがなぜこれほど成功率が低いのか、きちんと考える必要があります。

また、ITプロジェクトに参加する際は、この「異常に低い成功率」と向き合う必要があります。これだけ成功率が低いということは、「普通にやれば失敗するところを、なんとかして成功まで引きずっていくような仕事の方法を探し出す」という泥臭い姿勢が必要

になるからです。

※日経コンピュータ調べ。一般的に、次の3条件が満たされるとプロジェクトは成功と見なされます。①予め設定したゴールを達成する、②決められた予算を守る、③決められた納期を守る。

DNAに埋め込まれた難しさ

まず、ITに限らずプロジェクトという仕事は、そもそも本質的に難易度が高いことを知っていただきたいと思います。

プロジェクトとはどのような活動でしょうか？　企業である仕事がプロジェクトと呼ばれる時は、たいてい①初の試み、②期限や予算が明確、③混成チーム、という特徴を備えています。逆に、毎月給与を計算するとか、在庫管理をするといった仕事はこういった条件に当てはまらないので、プロジェクトではなく定常業務と呼ばれます。

そして、この3つこそがプロジェクトの難しさの原因です。例えば、初の試みであること。初めてだから、何をどのようにやればいいのか、わからない。どうしても試行錯誤、手探りになります。実際、わたしのようなコンサルタントに相談を持ちかけてくるお客さんの一番ありがちな悩みは「プロジェクトを始めたいが、何をどうやればいいのかわからずに迷走している」ということです。

期限や予算が明確という特徴も、裏を返せば短い納期や少ない予算に追われ、うかうかするとすぐオーバーしてしまう難しさにつながっています。「予算や納期を守れないのは、予算や納期が決まっているからだ」と言うと禅問答のようですが、あながち笑い話とも言えません。やったことのない仕事をやり切るだけでも大変なのに、予算や納期を必ず守るというのは本当に難しいことなのです。

混成チームというのも悩ましいところです。ひとつの部門の中でできる、小規模な改善活動であれば普通はプロジェクトとは呼ばれません。一方、大規模なＩＴプロジェクトともなれば、10社程度から専門家が集まってくるのは普通ですし、自社の中でも企画部門やＩＴ部門はもちろん、人事や経理など、さまざまな関係部署を横断して取り組むことは普通にあることです。

当然、利害が異なるので、なかなか意見がまとまりません。そもそも話す言葉がズレていることもしょっちゅうです。ＩＴエンジニア同士ですら、「システムテストでは……」などと一見話が通じているように見えて、実は全然違う仕事をイメージしていて、後で大問題になります。

この本を書いている最中に、姫路城の大改修がようやく終了しました。お披露目となった週末に、ちょうど京都から姫路城まで往復する長距離自転車のイベントがあったので、わたしも見にいってきました。

改修のエピソードを聞いて驚いたのですが、漆喰の壁を塗り替えようと壁を剥がしてみると、予想以上に骨組みが傷んでいることがわかったそうです。現代の技術をもってしても、何をどこまで修理するか、事前に予想がつかないものなんですね。小舞《こまい》という格子状の骨組みとなる木の枝や竹を急遽日本中から探し出し、加工し、なんとか壁の塗り替えを終えたそうです。

この先の見えなさこそが、プロジェクトです。昭和の時代にも大改修はしていますから、100%行き当たりばったりというわけではありません。それでも、「やり始めて初めてわかることがある」「やる仕事自体が大きく変わり、その場で対処するしかない」という事態がどうしても起きてしまいます。そういうことを乗り越えてなんとかやり遂げるのが、プロジェクトワークというものです。もともとの予算は28億円とのことですが、予定外の作業が追加されて予算に収まったのかが気になるところです。

ＩＴプロジェクト特有の難しさとは？

プロジェクトはそもそも難しいという話をすると「ビルを建てるのだって、ひとつのプロジェクトでしょ。ＩＴばかりが特別みたいな言い方しないでよ」と言われることもあります。そうです。ビルはちゃんと建つのに、ＩＴは完成しない場合もよくあります。では、ＩＴ特有の難しさはどこにあるのでしょうか？

◉直感以上に複雑

ＩＴは、直感以上に複雑な構造物です。例えばオフィスビルは大きくて複雑ですが、たいてい5階あたりから最上階までは同じ形の繰り返しです。設計図もほとんどがコピーでしょうし、部品の組み合わせパターンも5階と10階とで大差ないでしょう。

一方、ＩＴのプログラムでは、同じ記述は二度書かないのが原則です。同じことを書くくらいなら、それをひとまとまりのロジックの塊（関数と言います）にして、何度もその関

図7

ITは直感以上に複雑

通常のビルは同じ構造の繰り返し

すべて一品物の彫刻で構成されている
サグラダファミリア

数を呼び出して仕事をさせます。つまり、1万行のプログラムであれば、1万の違った内容が書かれているのです。

これは建築で言えば、近代的なオフィスビルというよりは、ガウディのサグラダファミリア教会に似ています（図7参照）。わたしは学生時代のひとり旅と新婚旅行の二度訪問しました。その間、5、6年が経っていたのですが、見た目でわかる進展がほとんどありませんでした。オフィスビルとは違い、同じ形の繰り返しが一切ない構造だからでしょう。すべてが一品物の彫刻で構成されていますから、一つひとつの部品を作るのに気の遠くなるような時間がかかるのです。

ＩＴも一つひとつ違った動きをする部品をコツコツと積み上げ、全体として狙った動きをするように組み合わせるところが似ています。部品を作るのも、積み上げたものをチェックするのも非常に手間がかかります。かといってサグラダファミリアのように何百年もかけるわけにいきませんから、数十人、数百人で分業しますが、そうやって大勢で複雑なものを寄ってたかって作ろうとするのは、少数精鋭で作業するのに比べて、かなりトラブルが起こりやすい状態です。

ＩＴが直感以上に複雑である理由がもうひとつあります。それはＩＴの門外漢からすると、ＩＴは表面しか見えないということです。例えば銀行のＡＴＭやＡｍａｚｏｎのホームページの画面は普通のユーザーの目に触れますが、ＩＴとしてはその裏側に、膨大なロジックがびっしりと詰まっています。つまりＡＴＭやホームページの画面を見て想像するよりも、銀行やＡｍａｚｏｎのプラント型ＩＴは実際には何千倍も複雑なのです。

◉見えないものを不完全な表現で語り合う

ビルを建てる際は設計士が図面を引きます。建具の形からコンセントの位置まで図面にすべて表現され、建築会社はそれをもとにコツコツと作っていくことになります。

ＩＴでも、設計者が設計図を書いてプログラマーがそれをロジックに落としていくのは同じです。ＩＴが建築よりも辛いのは、作っているものが目に見えないことです。それでもコミュニケーションする必要はありますから、文章や表や模式図など、さまざまな方法で表現しようと工夫します。ただ、どこまで頑張っても「見えないものを無理やり表現している」ことには変わりありません。例えるならば、建築をダンスで表現して、建築会社に間違いなく欲しいビルを建ててもらうようなものです。

さらに、プロジェクトは混成チームでやるので、このあたりの難しさに拍車をかけます。文章や模式図で不完全に表現した設計図を、別の会社から来た人々が自己流で解釈する状態です。旧約聖書のバベルの塔は、天に届く塔を作ろうとしていた人間たちに対して、神が罰として別々の言葉を話すようにする逸話です。ＩＴプロジェクトでのコミュニケーションもそんな感じを想像してもらっていいかと思います。

だから当然、勘違い、行き違いは多発します。それが完成間近に判明した時は悲劇です。そうならないように、プロトタイプ画面を使って業務と同じシナリオで通し稽古のような確認会をするなど、さまざまなテクニックが開発されていますが、それでも、いままで積み上げてきたものの土台が崩れるようなこともよくあります。このコミュニケーションの難しさはＩＴプロジェクト特有と言えるでしょう。

成功率を少しでも上げるために

これまでの議論をまとめましょう。ＩＴプロジェクトはなぜ難しいのか？　なぜ、7割も失敗するのか？

- 誰も作ったことがない、
- 直感よりもずっと複雑で、
- 目に見えないものを、
- 利害の異なる人々が寄り集まって、
- 限られた予算内で、
- 決められた期限までに、
- 作るのがＩＴプロジェクトだから

です。

いやー、身も蓋もないというか、こうして改めてITプロジェクトの難しさについて書いてみると、うまくいく気がしないですね。もちろんITの専門家も手をこまねいているわけではありません。さまざまな方法論が開発され、安定的に品質のよいITを作り出そうと努力はしています。ここではその取り組み内容には深入りしません。その代わりに「ITプロジェクト特有のコミュニケーション」と「ITプロジェクトを成功させるために、経営幹部だけができること」に絞ってお話をしていきましょう。

なぜならば、アンケート調査で失敗の理由を企業に聞くと、「技術的な困難」などのITエンジニアの専門領域よりも、「チーム内のコミュニケーション」「従業員の反対」「中間管理職のコミットメント不足」「組織の壁」など、コミュニケーションや経営幹部によるリーダーシップ不足に関連する要因が必ず上位にくるからです。

ITプロジェクト特有のコミュニケーション手法

目に見えないものを、寄せ集めのメンバーが協力して作るのがITプロジェクトですから、放っておくと自然にコミュニケーション不全に陥ります。そうならないためには、参加メンバー各自が意図的に、普段とは異なるコミュニケーションスタイルを採用する必要があります。ここでは、特に重要な3点について解説しましょう。

◉深刻な問題を隠蔽させない

成功率が低いということは、にっちもさっちもいかない炎上状態が珍しくないことを意味しています。一番怖いのは「順調だと思っていたプロジェクトで、終了予定日近くになって突然、大きな問題が発覚する」という状況です。

ひと度こうなると、メンバーが多少残業したところでどうにもなりません。立て直すためには膨大なエネルギーが必要となります。事態を収拾できる、エース人材を投入する必要がありますし、納期やゴールなども大胆に見直さなければならないでしょう。どうしてこういうことが起きてしまうのでしょうか？

ジェラルド・ワインバーグという人が書いた『プログラミングの心理学――または、ハイテクノロジーの人間学』に、これについての描写があります。プロジェクトのメンバーたちが「このプロジェクトは絶対に期限までに終わりません。絶望です。あんな問題、こんな問題があり、解決方法が見つかっていません」と訴えるのですが、チームリーダー↓プロジェクトマネージャー↓プロジェクトオーナー↓常務↓社長と報告の階段が上がっていく度に「ちょっとした問題はありますが、解決に向けて頑張っています」などと危機感のトーンが弱められていき、社長の耳に入る頃には「すべて順調です」に変わっている現象です。この本が書かれたのは30年前のアメリカ。しかし、ここに描かれた現象は現代の日本でも頻繁に見られます。ビル建築とは違い、作っているものが目に見えないから、深刻さが曖昧になるのです。

このように、土壇場になってからうまくいっていないことが見つかっても、打てる手がほとんどないものです。逆に、「早いうちに発覚すれば、リカバリーの対策が打てたのに……」と歯ぎしりすることは、多くあります。

こういう状態を避けるキーワードは「オープン」です。うまくいっていようが多少問題があろうが、現場のメンバーがプロジェクトの実態を素直に報告できるようなフランクな関係を作ること。これはITプロジェクト以外でも重要なことだとは思いますが、ITプロジェクトではこれが死活的に重要になります。というのも、これまで書いてきたようにプロジェクトは難しいものです。ということは、かなり頻繁に「ここがうまくいっていません」と言わざるを得ない状況が発生します。

そして、悪い報告を聞いた側は**決して怒ってはいけません。**決して、です。悪い報告には勇気が必要です。自分に責任のない時でもそうですし、自分が当事者であればなおのこと、言い出しづらいものです。そこで怒ってしまうと、次に問題が起きても誰も報告をしてくれなくなるのです。

怒るのではなく、難しい仕事を乗り越えるために、ともに知恵を絞るというスタンスが求められます。部下を叱り飛ばすマネジメントスタイルが有効なのは、「何をやればいいのか明確なのに、部下がそれをサボっている時」だけです。クルマを100台売る仕事ならそれも有効でしょうが、ITプロジェクトでは部下も手探りなので、叱っても道は開けません。ともに解決する同志になってあげるならば、悪い報告も自然と経営幹部に上がってくるようになります。そうしてボヤのうちに火事に気づき、消せれば、大火事の消火よりはるかに楽です。

もうひとつの秘訣として「情報源をひとつに絞らない」も挙げておきましょう。前記のようにオープンを奨励しても、なお悪い報告が上がってこないこともあります。悪い報告を上げるのは、それくらい心理的抵抗があるのです。だからプロジェクト状況を知るルートを1本に絞るのは極めて危険。普段からカジュアルに、プロジェクトマネージャー以外の多くの関係者から状況を聞く習慣をつけてください。プロジェクトルームを頻繁に訪問するのもひとつの手です。うまくいっていないプロジェクトは特有のどんよりした雰囲気がありますから。

◉曖昧さはITの敵と心得よ

もうひとつ、ITに関するコミュニケーションで重要なのは、曖昧さを許容しないことです。例えば「新しいシステムで使う商品情報は、秋には用意されている必要がある」という表現には、さまざまな曖昧さが潜んでいます。「秋」って、具体的には何月何日だろうか？　「用意されている」と人ごとのように書いてあるが、誰が用意するのだろうか？「必要がある」というが、もし用意できなかったらプロジェクトにどの程度悪影響があるのだろうか？　そもそも「商品情報」って何のことだろうか……？

仕事によっては、あまり物事を明確にせずにゆるゆると進めたほうがうまくいく場合もあると思います。わたしも仕事をしていると、そういうのが得意な管理職の方に多く出会います。ところがITプロジェクトでこういった曖昧さを許容していると、後で間違いなく揉めます。ITの世界では最終的にはすべて「0か1」の世界に落とす必要があり、いつかは白黒をはっきり決めるからです。結論を先延ばしにすると、議論する時に「もしあれがAに決まるならBで、Cに決まるならばDで……。ああ、もう早いとこ決めてくれよ！」となります。

◉衝突を恐れない

曖昧さと近い話として、衝突を恐れないことも非常に重要です。日本とアメリカの両方でITプロジェクトを率いた経験を持つ方が**「日本企業でプロジェクトをやる時に一番問題となるのは、みんな衝突から逃げることだ」**と言い切っていました。わたしも本当にそのとおりだと思います。

プロジェクトには多くの立場の人が参加しています。「発注者とITベンダー」「ユーザーと開発者」「経理部門と営業部門」など、構図はさまざまですが、立場が違えば意見も違う。衝突して当然なのです。

●まず、見解が分かれていることを双方で認識する
●どちらの意見が全体最適なのか議論する
●第三の選択肢がないか探る
●結論を下す

というプロセスを丁寧にたどるしかありません。心優しい日本の管理職は、このプロセスから逃げる人が多いのですが、逃げてもいずれもっと大きな問題になって帰ってくるだけです。解決の時間が残されていなかったり、双方時間を投資してしまって後には引けなくなったり。なるべく傷が浅いうちに衝突し、決定していくしかないのです。

10の鉄則

成功に向けて、経営幹部しかできないこと

ITプロジェクトを成功をさせるため、具体的には経営幹部が「プロジェクトオーナー」と呼ばれる責任者のポジションに着くことになります。しばしば「ITを作るプロジェク

トなのだから、IT担当役員がプロジェクトオーナーになればいい」という意見が出ますが、わたしたちが支援するプロジェクトでは、ほぼ必ず業務側の担当役員にプロジェクトオーナーになってもらいます。プロジェクトでは、IT担当者が粛々ともの作りをしていけばよいのに対して、業務担当者の方が多くの判断を迫られるからです。例えば「200万円かけてでも、この機能が必要か」「業務に悪影響を与えずにシステムを切り替えるタイミングはいつか」「顧客にこういう作業をしてもらう新ルールはアリかナシか」などです。

ITプロジェクトでよきプロジェクトオーナーになるために、キリのいい10の鉄則を挙げておきましょう。

◉鉄則1：やりたいこと、欲しいものを明言する

やりたいこととは、プロジェクトゴールのことです。世の中には、いまだにプロジェクトゴールが不明確なために迷走しているプロジェクトが多いのです。

『反常識の業務改革ドキュメント』（日本経済新聞出版社）という本は、老舗大企業である古河電工での変革プロジェクトを描いたドキュメンタリーです（一緒にプロジェクトをやった古河電工の関尚弘さんと、わたしのふたりで書きました）。そのプロジェクトで掲げたゴールがこれです。

①業務効率を30％アップする
②工場、関係会社に散らばっている業務を集約し、業務センターを設立する
③人材活用に資するため、人事情報を拡充しディスクローズする
④グループ経営の強化に資するため、人事システムを更新する

実はこの順番がミソで、プロジェクトの途中で「業務効率化と人材活用、どちらを重視すべきか」が激論になったりしました。というのも、プロジェクトゴールは床の間に飾っておくためのお題目ではないからです。プロジェクトを進めるうえで「この施策とこの施策、どちらかを諦めるしかない」「仕事が楽になる機能と人材の把握に役立つ機能、どちらを優先的に作るべきか」といった、シビアな選択をする時の拠り所にするのです。だからこそ、プロジェクトが始まる時はもちろん、議論が白熱したら経営幹部が「そもそも何をやるためのプロジェクトか」「経営として優先すべきはどちらか」を示し続ける必要があるのです。

ＩＴについても、経営幹部として「何が欲しいか」を示す必要があります。ＩＴはInformation Technologyの略ですが、このうちTechnologyはＩＴエンジニアに任せるとし

図8

どんな情報が欲しいかを明確にする

IT

Information	**Technology**
経営・業務の領域	**エンジニアの領域**
●どんな情報が欲しいか？	●どうやって情報を届けるか？
●情報を使って何をしたいか？	●情報を使ってどう業務を動かすか？

ても、Informationについては、語って欲しいのです。つまり、「経営に必要な情報はコレ」「こういう情報を業務に活かしなさい」「情報を使って、こんなビジネスにしよう」という話です（図8参照）。

もう少し具体的に言うと、

「営業がアタックすべき顧客を絞り込むために、案件のリストが欲しい」

「そのリストは、既存顧客ごとに営業マンが登録した案件可能性情報と、外部の調査会社から入手した情報と、展示会に来てくれた方の名刺情報を合体させて作る」

「その3つは質的に違う情報なので、こうやって整理してひとつの案件リストにまとめていきたい……」

といった感じです。

「案件リストをこんな感じで、Webでバーっと見えるようにして欲しいんだ！」とふんわりした希望だけを言って、自分の仕事は終わりと思っている業務担当者がよくいます。でも、本当に自分たちの武器となるようなITが欲しいと思ったら、欲しい情報をどこから持ってきて、どう加工するか、有効な案件かどうかはどうやって判定するのか、といったことまで関心を持つ必要があります。そのあたりを丸投げせずに考えて、初めて欲しいInformationを明言したと言えます。

とはいえ「経営として欲しい情報を正確に述べてください」といきなり言われても、普通は答えられません。だからこそ、「こういう情報はどうでしょう」「コレとコレならどちらが重要でしょう」などと、ITエンジニアとの間で議論を重ねることになります。そういう意味でも、対話が大切なのです。

◉鉄則2：人を集める

第1章でもお話ししたように、ITを作り、運営していくためには経営・業務・ITの三者が参加する必要があります（23ページの図6参照）。この三者を集めてプロジェクトに参加させるのは、人事権を握る経営幹部の役割です。このあたりのプロジェクトチームの作り方は『業務改革の教科書』（日本経済新聞出版社）という本に詳しく書きましたが、ざっくり言えば、

- 業務の現状をよく知っている人
- ＩＴの現状をよく知っている人
- 将来どうあるべき、について一家言ありそうな有識者
- 今後の会社を担うような、元気な若手
- 変革プロジェクトの経験豊富なプロジェクトマネージャー

といった人々を集めてチームを作るわけです。

プロジェクトを成功させる秘訣をどうしてもひとつに絞れと言われたら、わたしは「この三者をきちんと巻き込むこと」と答えます。「きちんと」というのは、名前だけ体制図に載っているということではなく、本気で参加するという意味です。もちろん、本気で参加してもらうための「巻き込むテクニック」がそれなりに必要となります。

◉鉄則3：社内で味方になる

プロジェクトは成功率が低い、難しい仕事です。ということは、スタートしてからも山あり谷ありの道のりになります。軋轢も多いでしょう。そこで経営幹部が味方になり、精神的なバックアップをし、さまざまな組織内調整を支援することで、プロジェクト成功率はぐっと高まります。サラリーマン社会ですから「あのプロジェクトは役員の○○さんが熱心に進めてるから」とおおっぴらに語られることもあるものです。

また、ITは大きな投資を必要としますので、決裁の時などに経営会議を通す必要があります。その際に「これは俺のプロジェクトであり、こういう意義がある」とすべての役員に向かって見得を切る「当事者」が絶対に必要で、それがプロジェクトオーナーです。

◉鉄則4：財布の紐を握る

細部を押さえる現場に対して、経営幹部としての武器はやはりお金を押さえていることです。経営に本当に役に立つITになっているかチェックするためには、お金の使い方を見るのが有効です。この話は非常に重要なので、この後の2章にわたり取り上げます。

◉鉄則5：関門になる

ITプロジェクトでは、何を狙いとしたどのようなプロジェクトにするのか、最初に綿密な計画をつくります。もちろん使うお金もスケジュールもその時に決めます。ところが、ITプロジェクトの計画をきちんと立てるのは、わたしたちのようなプロですら大変に難しい作業です。初めての試みで、先が見通せないからです（だからこそ、先に挙げた『業務改革の教科書』という本1冊まるごと使って、プロジェクト計画の方法を書く必要があったわけです）。

大変難しいため、苦労の末にグダグダの計画しかできないことが多いのですが、ここで見切り発車すると「際限なく時間とお金が必要になる、死の行進のようなプロジェクト、通称デスマーチ」ができあがってしまいます。特に、鉄則1に挙げた「やりたいこと、欲しいものを明言する」ができていない計画が最悪です。これは経営幹部の責任ですから、この状態で絶対にGOサインを出すわけにはいきません。

経営幹部として、プロジェクトにとって正しく関門になること、つまり計画がきちんと詰められていない見切り発車を許さないことも、デスマーチを作らないためには重要な役割です。

◉鉄則6：現状を変えさせる

プラント型ＩＴという考え方を通じて詳しく論じたように、業務とＩＴは密接に絡み合っています。業務を新しくするためにＩＴを作り直す場合であれ、ＩＴを再構築する際に業務を見直す場合であれ、どちらにせよプロジェクトをやる以上は、現状を変えていくことになります。むしろ**すべてが現状踏襲で、何も変えようとしないＩＴプロジェクトはたいてい失敗**します。

ところが、組織は「慣性の法則」が効きやすいもので、何かを変えようとすると大変な抵抗にあいます。そういう組織を無理やり変化させるのも、プロジェクトオーナーが率先してやるべきことです。時にトップダウンで強引に、時にウェットな説得を駆使します。具体的には、①なぜこのプロジェクトをやるのか、といった原理原則を何度でも説明する、②不満を言っている部門の上司に話をつける、③（最悪の場合）反対者を異動させる、などをやっていくのです。

建設機械のコマツはここ10年ほどで、建設機械を一台一台売るビジネスから、無人操縦で動く建設機械パッケージを巨大鉱山などにまるごと導入するビジネスに転換を遂げています。以前、コマツの社長・会長を務めた方から、このエキサイティングな変革のお話を伺ったことがあります。ビジネスが根本的に変わるわけですから、反対者も多かったことでしょう。わたしが反対者をどう説得したのか質問すると、彼は「もちろん一台一台ダンプを売り続けたいという役員が何人もいましたが、わたしが全員飛ばしました」と、ことともなげに言っていました。大胆な変革を推し進めるには、軋轢を生む覚悟も必要なのです。

◉鉄則7：部門間の対立を裁く

先ほど「衝突から逃げない」のところでも強調しましたが、プロジェクトは混成チームで進めるわけですから、しょっちゅう意見の対立は起こります。わたしたちは、それを「ファシリテーション」という技術で合意形成まで持っていくことで解決しています。きちんと状況を整理すれば、たいていは何らかの方針に全員が合意し、プロジェクトに協力する体制を作れるものです。

しかしながら、対立の5％ほどは「本質的に利害が噛み合わないので、どうしても対立のまま残ってしまう」という膠着状態に陥ります。そういった時にはやはり経営幹部が「全社最適の観点から、どちらを優先すべき」と明言する必要があります。

この時、変にどちらにとっても都合のいい解釈ができるような玉虫色の仲裁をすると、それぞれの組織が自分勝手な解釈を始め、混乱が大きくなります。会社としての意思決定は、経営幹部の重要な仕事です。白黒つけましょう。

わたしがプロジェクトをともにした、ある役員の方は「他部門と揉めたら、俺のところに話を持ってこい。現場同士で議論しても、決まらんものは決まらんだろ。役員なんてそのためにいるんだから、うまく使って時間を無駄にするな」と何度もおっしゃっていました。実際に、ここぞという時に何度も助けてもらいました。

◉鉄則8：リスクを取る

初めての試みである以上、狙いどおりにいかないリスクは常につきものです。例えば顧客に使ってもらうWebサービスが、公開翌日にアクセスが集中してシステムダウンしてしまうかもしれません。もちろんそのようなことがないように、事前にシミュレーションや対策を練るのですが、問題が起こる確率をゼロにはできません。ゼロを目指すと際限なくお金がかかるからです（マシンを過剰なスペックにしたり、延々とテストを繰り返したり）。

そこで、どこかで「十分リスクについては検討した。ここから先は腹を括ろう」と決断しなければなりません。これも、判断材料を集めるのはプロジェクト担当者の仕事でしょうが、最後に決断するのはプロジェクトオーナーである経営幹部の仕事になります。

◉鉄則9：コミュニケーションをヘルシーに

「ITプロジェクト特有のコミュニケーション手法」で書いたように、コミュニケーションスタイルがヌルいと、プロジェクトは失敗します。そしてコミュニケーションのヌルさは、責任者がある程度コントロールできます。「欲しいものを明言する」のように、トップからの明確なメッセージで、手本を示すこともできます。部下が曖昧な報告（曖昧な言葉遣い、データではなく言葉での報告、紙ではなく口頭での報告）をした場合、明快な報告を求めることもできますから。こういう姿勢はプロジェクトの隅々まで伝わるものです。

◉鉄則10：効果を搾り取らせる

どうにかこうにかプロジェクトがゴールにたどり着いたとしましょう。そこでプロジェクトオーナーが気にすべきは「効果を十分しゃぶり尽くしたか」になります。現場のメンバーはゴールにたどり着いた時点で、たいていは疲労困憊だったり達成感に満たされています。したがって悪気はないのですが「で、結局業務がよくなり、経営に寄与したのか」を追究する部分がおざなりになりがちです。そうして惜しいところまでいきながら、ちょっとしたことで効果をあげられていないプロジェクトは数多くあります。

経営の観点から、「効果を出し尽くしたか」にはこだわり、プロジェクトメンバーに求め続けたいものです。わたしの経験を振り返っても、構築していたシステムが無事稼動した直後はバタバタしていますが、そこで努力を止めずに細かい改善を続けることで、当初狙っていた効果がグッと上がるものです。

さて、10の鉄則を挙げましたが、いかがだったでしょうか。それほど突飛なものはないと思いますが、この本を読んでいるあなたが経営幹部ではなく、プロジェクトの一メンバーに過ぎないのであれば、自分で実行するのはハードルが高いことでしょう。しかしこの10の鉄則を完璧にこなせる経営幹部はまずいませんから、これらをきちんと実行するように働きかけるのが、あなたの仕事になります。

わたしが勤めるケンブリッジ・テクノロジー・パートナーズではプロジェクトの成功率が非常に高いので、「何がそんなに違うんですか？」とよく聞かれます。答えは、ここで挙げたような基本的なことを完璧にやり切ることです。正確に言うと、経営幹部がきちんとこれらをやってくれるように、説得したり、裏で支えることがわたしたちの仕事になります。プロジェクトの成功に魔法はないのです。

第3章

異様に高いコストを下げる方法

ＩＴの値段はどう考えても直感に反する！

この本を書いている時に世間を騒がせていたのは、２０２０年の東京オリンピックに向けた国立競技場の再建問題でした。当初の予算が１３００億円程度だったのに、なんと２５００億円もの巨費が必要らしい、と発表されたからです。

わたしは、２５００億円という数字に見覚えがありました。「みずほ銀行が基幹システムの再構築に２５００億円もの巨額を投資する予定だったのが、開発費がさらに膨らみそうだ。今後、利益を圧迫するだろう」という記事を、少し前にたまたま読んだからです（『日本経済新聞』２０１４年2月27日朝刊）。みずほ銀行としては合併以来、不安定なシステムに悩まされていますから、思い切った投資で憂いをなくしたいということでしょう。

わたしが子供の頃「世界まるごとＨＯＷマッチ」という、物の値段を当てるクイズ番組があり、よく見ていました。値段を知る前に出題されたとしたら、皆さんは新国立競技場とみずほ銀行のシステムの値段のどちらを高く予想しますか？

どちらの額も大きすぎてピンとこないですが、わたしはＩＴに関わる仕事をしていますから、メガバンクのＩＴがどれほど精緻なもので、きちんと作るのにお金がかかるかを想像できます（内情を知っているわけではないので、正しく見積もることはできませんが）。ですから、当然みずほ銀行のほうを高く予想します。だって新国立競技場なんてしょせん広場と、ちょっとした建物じゃないですか。推測するための手がかりとして、よく行く埼玉スタジアムがざっくり５００億円以下ということも知っていましたし（正確には３５０億円）。

一方で、ほとんどの方はＩＴの値段を意識せずに生活していることでしょう。従って新国立競技場のほうが高いと予想する方も多いかと思います。目に見えないＩＴとは違い、立派な建物を作るのに材料や人手がたくさん必要となることは、直感的に想像しやすいですから。

建物とは違って、ＩＴの値段はかなり直感に反しています。プロジェクトをやっている当のわたしですら、「なぜ、ＩＴプロジェクトはこれほど多くのお金が必要なのだろうか？」「もっと安くできないのだろうか？」と、よく思います。ＩＴエンジニアではない業務担当者、経営幹部の方々はもっと不思議でしょう。実際にそういう声はよく聞きます。または「なぜ高いのかはわからないけれど、もうそれについては諦めたよ」という感じでしょうか。

この章では「ITはなぜ高いのか」を考えます。これを理解しないと「とにかく1円でも安いプランを持ってこい！」となってしまうからです。安いプランは一見よく見えるのですが、長期間安く維持するうえでは、逆にマイナスな場合も多くあります。そうではなく、高い理由をきちんと理解したうえで、「どうすれば、賢くコストを下げられるのか」を考えるべきなのです。

そして次の章では「ITはそもそも高いだけでなく、どうして当初の予算を大幅にオーバーするのか」について議論します。どちらもITのカネ勘定という、経営幹部や業務担当者であっても、関心を持って欲しいテーマです。

その昔、コンピュータは神だった？

図9は企業でコンピュータが使われている様子を写した、40年ほど前の写真です。真ん中にうやうやしくコンピュータが鎮座し、その周りをOLさんたちが囲んでいますが、あたかもコンピュータ様からのお告げを受ける巫女のようです。この写真が象徴するように、

図9

TK70型コンピュータ

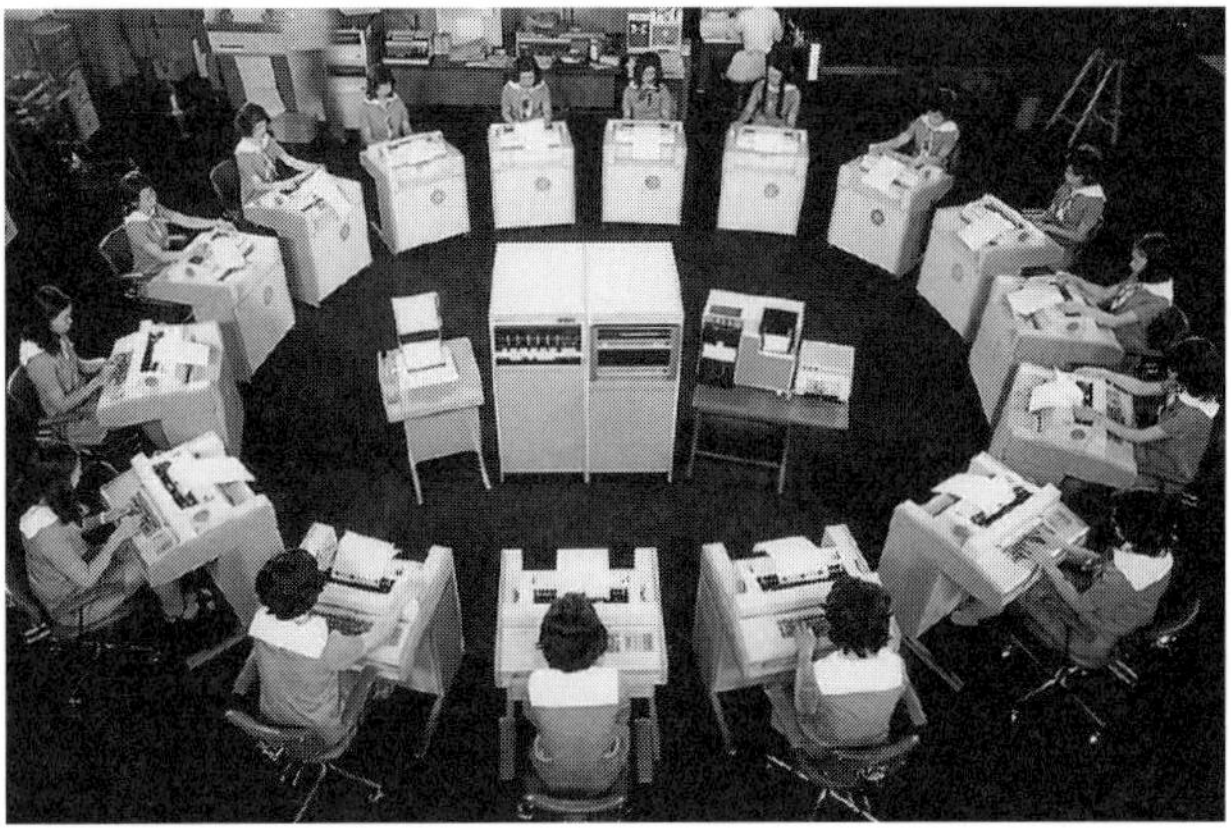

当時、コンピュータはハードウェアそのものがものすごく高価なものでした。当時もコンピュータを使いこなすためにはソフトウェアを書いたり、操作するエンジニアが必要でしたが、高価なハードウェアのおまけとして付いてきたほどです。

時代は下り、図10のグラフはわたしが関わった実際のＩＴプロジェクトの投資額をざっくり「ハードウェア購入費」と「ソフトウェア購入費（ハードウェア購入以外の費用）」に分けたものです。

プロジェクトの方向性を議論するための人件費や、購入したパッケージソフトの費用も、ここではソフトウェア側

図10

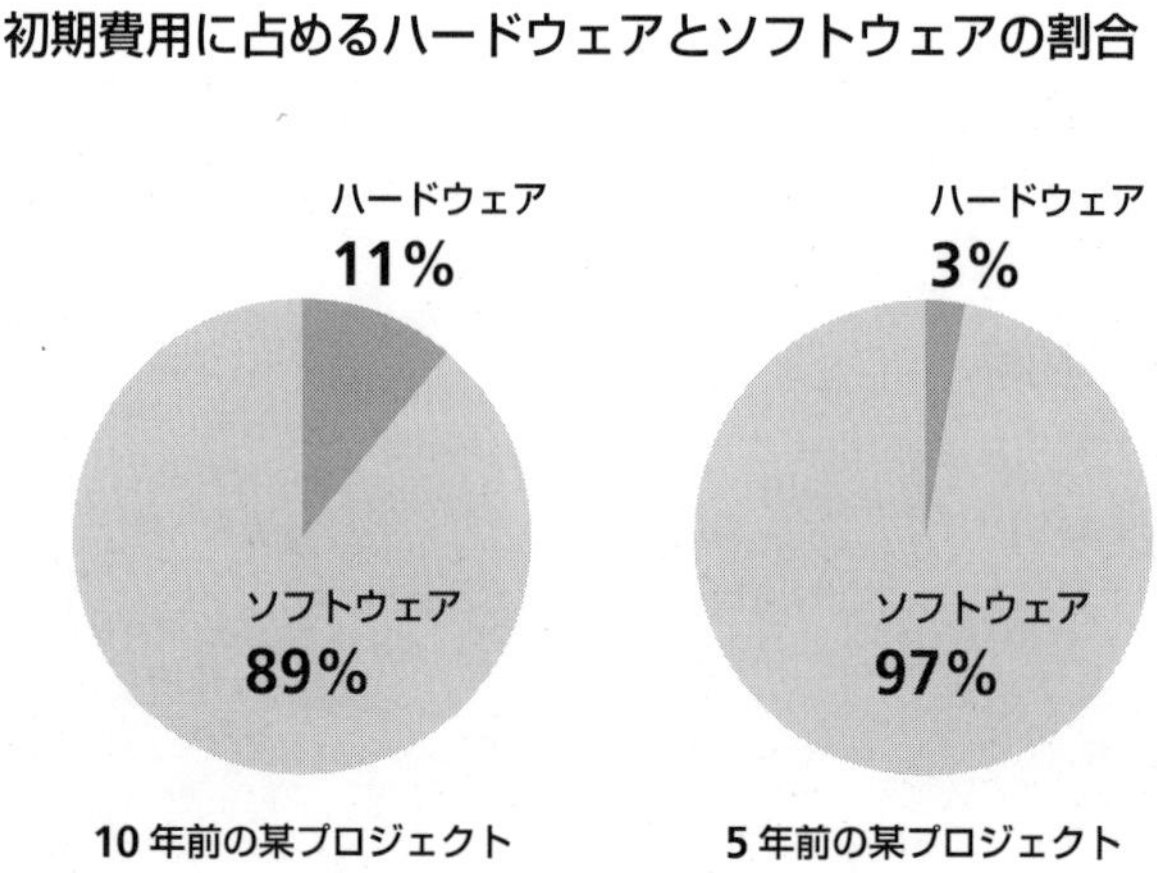

に入れています。

ひと目でわかるように、いまやITプロジェクトに必要なお金はほとんどがソフトウェア、つまりは人件費です。「ムーアの法則」で知られるようにハードウェアは年々安くなっていますが、人件費は下がらないからでしょう。これはあくまで一例ですので、もっとハードウェアの割合が大きなプロジェクトもありますが、「ほとんどが人件費」と言い切って問題ないでしょう。

このことは、本書のテーマからすると実はグッドニュースと言えます。というのは、**ハードウェアを値切るのは限界がありますが、人件費は「プロジェクトのやりよう」によって、かなり**

下げられるからです。それは後々見ていくとして、まずは「なぜＩＴのコスト、特に人件費はこれほど高いのか？」を考えましょう。

なぜ、これほど高いのか？

5つの理由

人件費が高いということは、つまり「ＩＴを構築するためには手間がかかる」ことを意味しています。どうして人々の直感以上に、膨大な手間がかかるのでしょうか。理由を5つ挙げてみました。

◉理由1：想像以上に複雑

前章の「ＩＴプロジェクト特有の難しさとは？」というパートで説明したように、ＩＴはそもそもかなり複雑なものです。同じものの積み重ねであるビルというよりは、ガウディの教会に似ていますし、企業で使うＩＴといって想像するパソコンの画面は、ＩＴのごく表面に過ぎません。

想像以上に複雑なものを作るわけですから、直感よりはずいぶんと手間もかかります。手間と言っても誰でもできる単純作業ではなく、専門訓練を受けたエンジニアが手間をかけるわけですから、その分人件費が高くなるのです。そういえば、「サグラダファミリアは一つひとつ彫刻が必要で大変な人件費がかかるため、市民からの寄付が集まった分だけ作っている、だから長い時間がかかるのだ」という話も聞いたことがあります。

◉理由2：プログラムは、細かい作業指示が必要な新人類

プログラムとはもともとギリシャ語で、「やることを予め書き記したもの」という意味です。運動会のスケジュールを「プログラム」と呼ぶのはその名残でしょう。ITはプログラムの塊です。つまりプログラムの一行一行には、ITがどういう時にどう動くかが、予め書かれているわけです。

ITを作る際には、動作を一行一行書いて教え込むのですが、この時に辛いのが「ITは究極に融通がきかない新人類のようなヤツだ」という事実です。例えば人間であれば「コピー5部よろしく！」とお願いすればいいのですが、プログラムに書くとなると、

①原本を受け取りなさい

②コピー機に向かいなさい
③もし誰かが使っていたら、たくさんコピーしそうか判断しなさい
　(ア)たくさんの場合、コピーは一旦中断して別の仕事をしていなさい
　(イ)少ない場合、後ろで待ちなさい
④誰も使っていなかった場合、コピー機のカバーを開けなさい

……と、キリがないのでやめますが、延々と指示を書いていきます。

しかも「たくさんコピーしそう」って、何部以上ですか？　「別の仕事」って何ですか？と際限なく事細かに説明を求められます。「それくらい察しろよ！」と言いたくなりますが、相手は機械ですから、グッと我慢して黙々と教え込むしかありません。

よく言われるように、ＩＴは何度でも飽きずに同じことを繰り返すのは得意です。ただし、そのためにはこのような「何をしたらよいのか、異様に細かく教え込む」という手間が必要となります。

◉理由3：そもそも論が必要→エンジニア以外の人件費もかかる

さて、教え込む内容が「コピー5部よろしく！」くらいならいいのですが、プラント型

ＩＴを作り込む際には「ビジネスのどのような局面で、ＩＴがどう振る舞うべきか」、ひいては「ＩＴを使って組織をどう動かすか」といったことを埋め込んでいきます。すると、ＩＴを作るプロジェクトではしょっちゅう「そもそも論」に突き当たります。例を挙げましょう。

そもそも論Ａ▼顧客とは何を指すのか？
→企業法人か？　付き合いのある部署か？　発注担当者個人か？

そもそも論Ｂ▼管理すべき従業員はどの範囲か？
→嘱託社員や直接雇用していない派遣社員の個人情報をどの程度管理すべきか？

そもそも論Ｃ▼顧客からのキャンセルの申し出がある場合、いつまで応じるべきか？

よほど理屈っぽい人でない限り、営業活動をしていて「顧客とは何か」などと考え込まないものです。しかしプラント型ＩＴを作る際には、こういった定義を明確にする必要があります。こういった議論は「そもそも何のためのＩＴか」にも関わりますので、わたしがＩＴプロジェクトをリードする際には、プロジェクトの最初の段階できちんと激論することにしています。ここを曖昧にし、途中で変わると大きな手戻り（作業のやり直し）が発生するからです。

その際に問題になるのは、激論の参加者です。営業部門と経理部門とで顧客の定義が異なる、といったことはしょっちゅう起こります。営業部門でも、法人顧客を相手にしている課と個人顧客を相手にしている課とでは、意見が違うことでしょう。どちらにせよ、こういったそもそも論をＩＴ部門が勝手に決めるわけにはいきません。

というわけで、10年、20年と使えるきちんとしたＩＴを作ろうと思えば、こういった土台となる議論を丁寧にしていく必要があります。時間もかかりますし、参加者全員分の人件費も馬鹿になりません。また部門間で意見の対立が起きた時には、しばしば経営幹部が最終決定する必要があります。「ＩＴのことはＩＴ部門に任せた」は御法度です。

◉理由４：教える人間が間違える→念入りなテスト

「プログラムは思ったとおりには動かない。書いたとおりに動くのだ」という格言があります。ＩＴは間違えませんが、空気を読まずに教えられたとおりに動きますので、教える人間が間違えたら、結果として望まない動作をしてしまいます。ＡＴＭで利用者に払う金額が間違っていたら銀行として致命傷ですし、製造業で部品の在庫数に誤りがあったらラインが止まってしまいます。しかも、１文字間違えただけでこのような致命傷に発展するのがＩＴの辛いところです。建物の場合は釘１本打ち忘れたからといって、ガラガラと崩れだすということはないでしょう。

図11

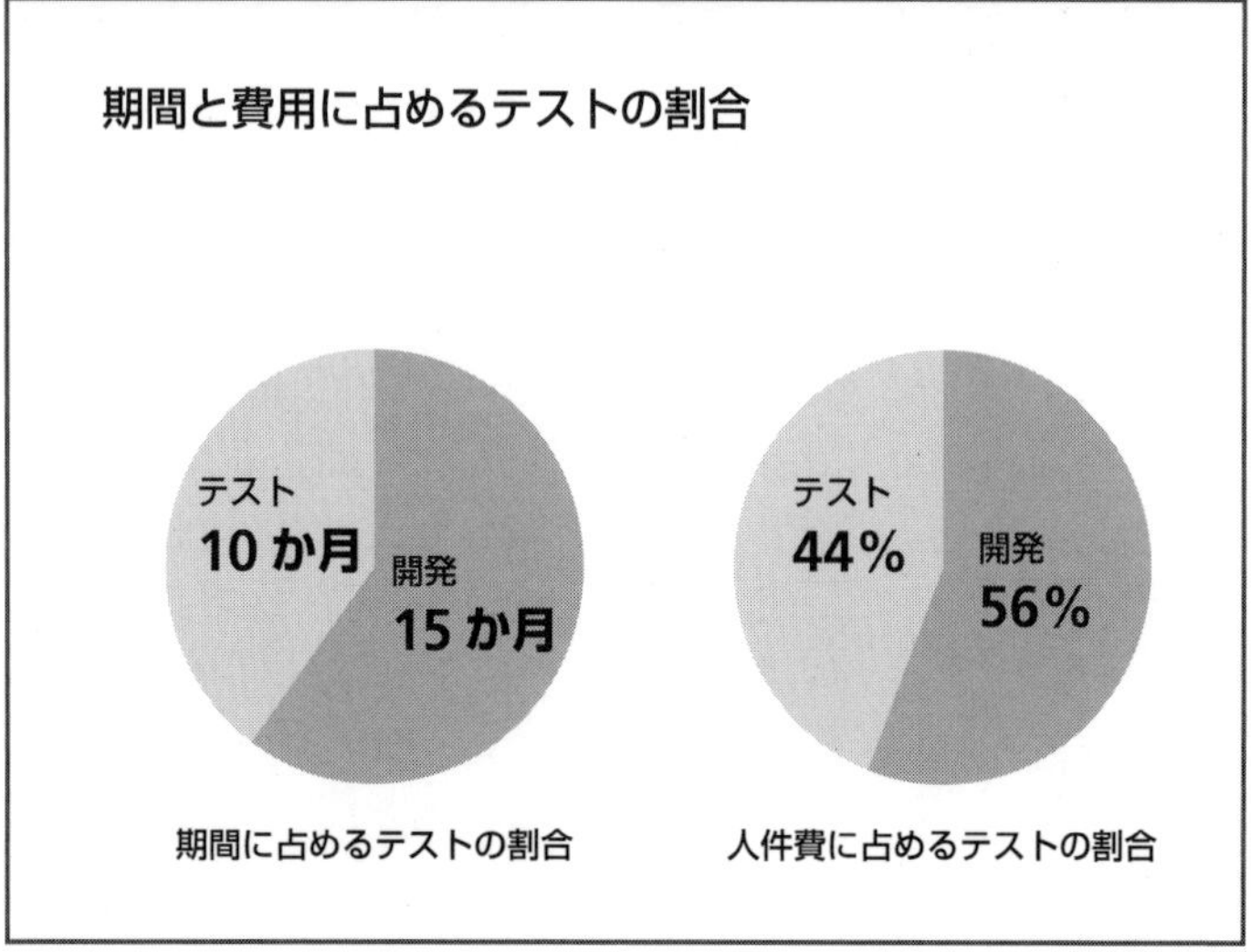

そこで、ITを作る際には徹底的にテストします。徹底的というのは、「起こり得るすべてのパターンを実際にやってみる」ということですね。顧客が成年か未成年かで動作が違うのであれば、両方試す。部品在庫が100個以上と未満とで動作が違うのであれば、両方試す。時にはパターン同士の組み合わせで、何千パターン何万パターンにもなります。

図11のグラフは、わたしが参加したある大規模プロジェクトにおける、テストの割合を示したものです。期間的にもコスト的にも、おおよそ4割程度がテストに充てられています。プログラマーというと画面に向かってプログ

ラムを書きつけている姿を思い浮かべますが、実際には「書いたプログラムが意図どおりに動くか」「構築したITを使って業務全体がうまく流れるか」といったことを確認するテストに、かなりの時間を割いているのです。逆に言えば、それくらい念入りにテストしないと正しく動かないのがITというものなのです。

「実際のITの費用は、直感的に考える金額より高く感じる」と、この章の冒頭から書いていますが、エンジニアではない人が考える「直感的な金額」には、たいていテストに必要な費用がごっそり抜け落ちています。だから少なくとも倍は、高く感じるのです。

業務担当者が「こういう機能も欲しい」「ちょっとだけ直して欲しい」と依頼し、ITエンジニアが「それには1か月かかります」などと答えてびっくり、というシーンをよく見ます。そういう時にはエンジニアの無能さを罵倒する前に、「そのうち、テストにかかる時間はどのくらいですか?」と聞いてあげてください。

◉理由5：一度作って終わりではない↓維持・保守

多くの手間がかかることを乗り越え、ITが無事完成したとしましょう。お金が必要なのは残念ながらこれで終わりではありません。

図12は、ある会社のIT費用全体のうち、保守や単純更新のコストが69%も占めている

図12

IT 費用全体に占める、保守・更新の割合

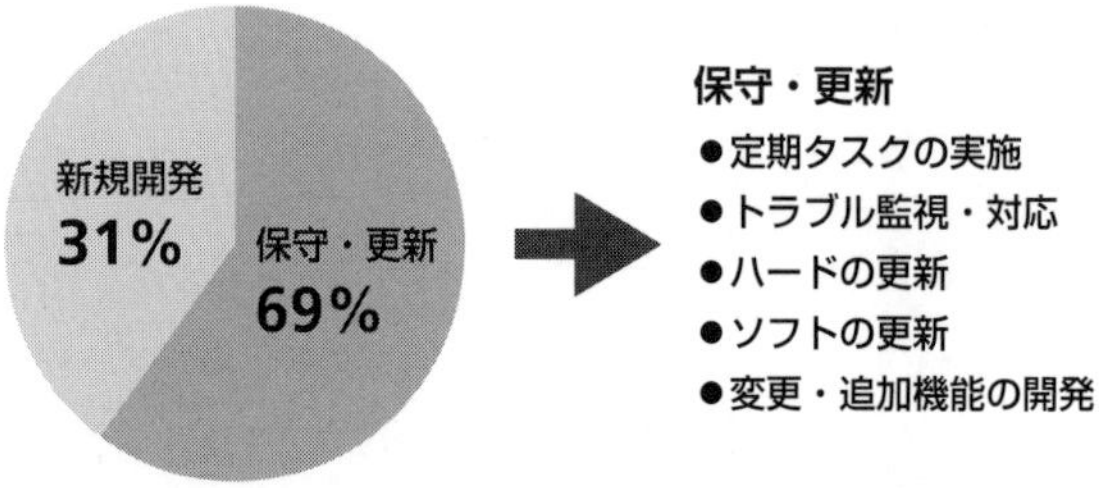

ことを示しています。以前作ったＩＴを、ビジネスのニーズの変化や法制度対応などのために修正したり、あるいは購入したソフトウェアの年間ライセンスなどにかかる維持費です。つまり、新しいＩＴを一切作らなくても、過去に作ったＩＴを淡々と動かすだけでこれくらいのお金が必要なのです。

単に動かし続けるだけでお金がかかるというのは一見理不尽ですが、「在庫管理ができる」「決算ができる」のような、会社にとって当たり前のことをするためのコストだと考えれば、仕方ないでしょう。プラント型ＩＴは、長く会社の中で動き続けます。その間、もちろんずっと役に立ち続けるのです

が、反面、コストもかかり続け、財務諸表にも長く痕跡を残します。だから新しいＩＴを作るかどうかを決断する際は必ず、初期費用だけではなく毎年必要となるランニング費用も考慮し、「それでも作る価値があるのか」を議論するのです。

さて、ここまで読んできた皆さんの心境は「高いのはわかった。わかったから、ちょっとでも安くする方法教えてよ」という感じでしょうか。

まず、ハードウェアのコストの下げ方については、専門家であるＩＴエンジニアに任せてしまってよいと思います。ＩＴベンダーとの交渉やリースの仕方など、いろいろなテクニックはありますが、経営幹部でなければ判断できないような、ビジネスメリットとハードウェア費用の悩ましいバランスのような局面は少ないものです。また、ＩＴ全体に占めるハードウェアの割合は前にも触れたように年々小さくなっていますから、そういう意味でもいまからハードウェアについて猛勉強をする意味はありません。

そこで本書では、経営幹部や業務担当者の立場で人件費を抑える方法を3つ、紹介します。①本当に欲しいものだけを選ぶ、②手作りではなく既存のものを買ってくる、③業務とＩＴをシンプルにする、の3点です。

コスト削減策1

本当に欲しいものだけを選ぶ

限られた予算の中でＩＴを作ろうとすると、「機能Ａが必要だ。一方で機能Ｂもいる。でもどちらか片方分の予算しかない。どっちを選ぶ？」という議論が頻繁に起こります。たいていの場合、機能Ａを欲しがっている人と機能Ｂを欲しがっている人は別人なので、誰の言うことを優先させるか、という話になります。もちろん人ではなく、経理と人事がそれぞれ……という組織間の綱引きも頻発します。どうやってその議論に決着をつけるべきでしょうか？

わたしが観察する限りでは、声の大きい人の要望が通ることがほとんどです。声の大きい人というのは、部長などの役職が上の人という場合もあります。この場合は、組織としてはある意味正当と言っていいでしょう。しかしそれよりも多いのは、いわゆるうるさ型の人です。言うことを聞かないと後で騒ぐ、面倒くさい人です。プロジェクトは関係者が協力しないとうまくいきませんから、こういう面倒くさい人に黙ってもらうために、ついつい言うことを聞いてしまいがちです。

ただ、その手の声の大きな人の主張は、会社全体にとって本当にベストな選択なのでしょうか？　そうではないケースが多いと思います。というのも、わたしのような経緯の知らない社外の人間がお客さんのＩＴを調査すると、「この部分だけ、異様に作り込んであるな……。これを作るお金があるなら、こっちを作ったほうが全体の業務がスムーズになるのに」という箇所がたいてい見つかります。当時のことを知っている方に話を聞くと、その裏には声の大きな人がこだわった、という事情が隠れています（または、作る人が趣味でやったケースも同じくらいあります）。

また、ＩＴの世界には「80／20の法則」ともいうべき経験則があります。「欲しい機能のうち、重要な順で上位80％までを作るコストは20でしかないのに、それを80％から１００％まで引き上げようとすると、その４倍の80もコストがかかる」というものです。経験則ですのでざっくりとした感覚値ですが、いい線突いていると思います。

重要な上位80％というのは、多くの会社で必要とされるノーマルな機能なので技術的にも難しくなく、スムーズに構築できます。一方で、最後の20％はたいていマニアックです。例えば「デザイナーさんが書いた図面を機械で読み取って、必要な部材を全自動でリストアップできたら楽なんだけど！」といった思いつき機能ですね。技術的にも難しいですし、

図13

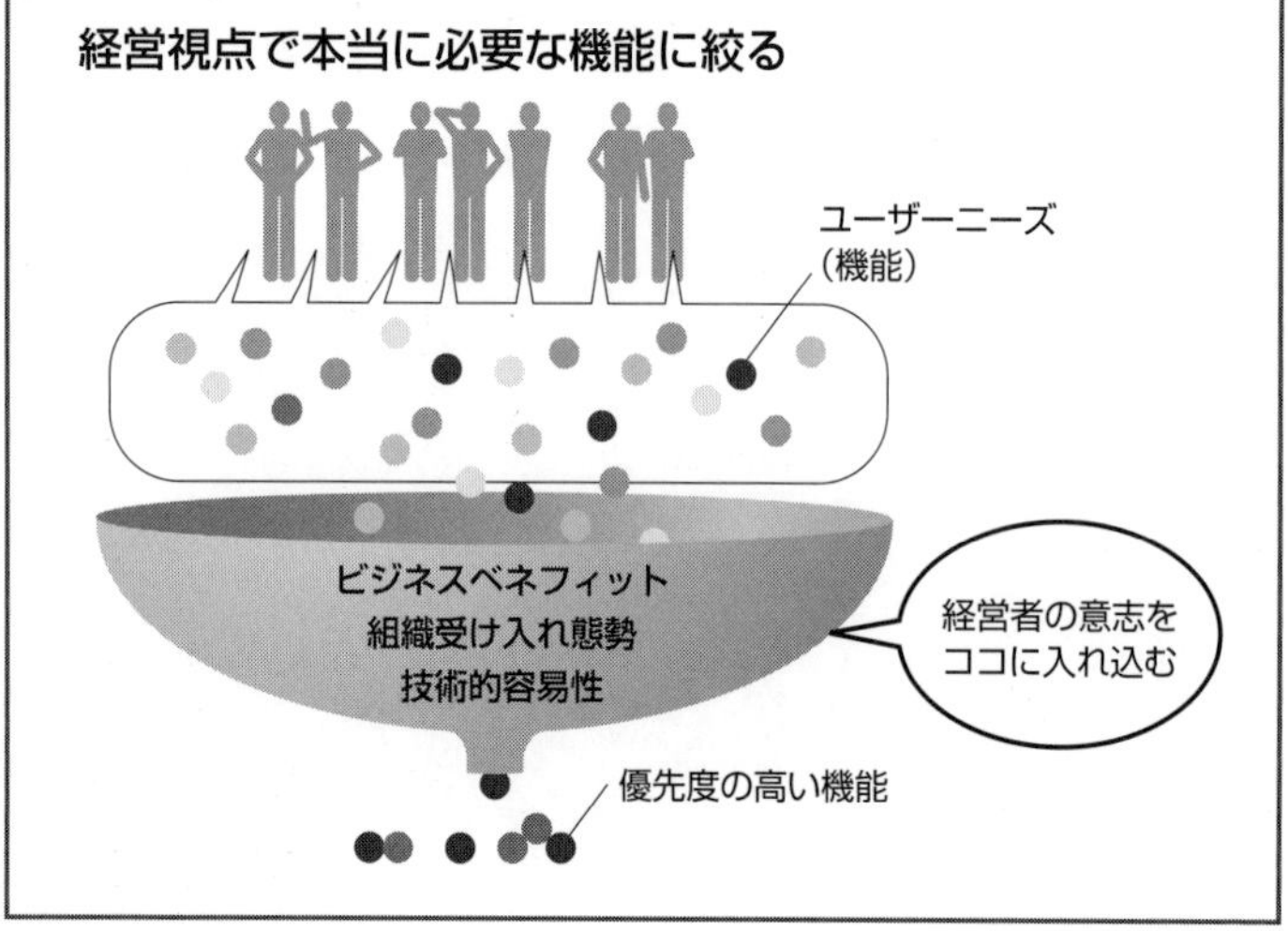

そもそも何を作るのか明確ではないので、実現には多くの議論や実験が必要です。そこまでして、この機能に貴重な経営資源を投入すべきでしょうか？

こんなことをやっているから、高くなるのです。経営の観点から見て重要ではない機能をコスト度外視で作っているのですから。ＩＴは目に見えないので、そういうアンバランスさを部外者がチェックしにくいのも、この傾向を後押ししています。

そこで、わたしたちがリードするプロジェクトでは、本当に欲しい機能だけを選ぶための特別な仕掛けを使うことにしています。

キーワードは「見える化」です。ま

ず、必要そうな機能はいったん、徹底的にリストアップします。「あの機能が欲しいと言ったはずでしょ」と後で揉めないことが目的なので、ここでは一見して重要ではなさそうなものも、構わずすべてまな板にのせるのがポイントです。

すべて出し切ってから、経営視点（つまり、プロジェクトゴールにフィットするか）で一つひとつの機能を評価します。具体的には以下の3つの基準で表現します（図13参照）。

- **ビジネスベネフィット（売上げ拡大やコスト削減に貢献するか？）**
- **組織受け入れ態勢（その機能を十分使いこなすことができるか？）**
- **技術的容易性（その機能を簡単・低コストで用意できるか？）**

経営視点というくらいですから、この基準を決める際には経営幹部に議論に参加してもらいます。まさに「経営にとって、ＩＴに求める優先順位は？」を表明する場になるわけです。

一つひとつの機能をこの基準で評価をすれば、どれを優先すべきかはおのずと見えてきます。例えば機能Aはビジネスベネフィットが High、組織受け入れ態勢が Medium、技術的容易性が High なのに対し、機能Bがそれぞれ Medium、Low、Low ならば、当然機能Aを優先させるわけです。このようにして機能ごとに序列をつけ、大事なものから作っていきます。結果として最初に挙げた機能のうち、半分ほどを作ることになります。残りの半分は「誰かが必要だと主張したが、経営視点で改めてチェックすると、作るべきではないので見送られた機能」という位置づけです。

大事なのは、本当に重要なものだけを選び、それを作ること。そうすれば無駄な機能を作るのに必要なコストを大幅に減らせます。通常こういった大胆な絞り込みを行なうと、ユーザーから不満が噴出します。自分が欲しいと思っていた機能が見送られてしまった声の大きな人が、特に厄介です。しかしこの方法ですと「声の大きい人が欲しいと言ったかどうか」ではなく、「経営にとって重要である」という基準を使っていますので納得度が高く、しかも選定プロセスが誰からも見えるようになっています。こうなると、表立って文句を言いにくいものです。

そしてこういった議論の経緯をきちんと資料として残すことで、後から「なんで機能Bがないんだ!」といった横槍も、防ぐことができます。

図14は、こういった決定プロセスを経てできあがった、「作る機能/作らない機能」のリストです。白黒はっきりつけるという意味で、作る機能を白、後で作る機能をグレー、作らないことにした機能を黒く塗ってあります。わたしたちが支援するプロジェクトでは、

図14

機能の優先順位を見える化する

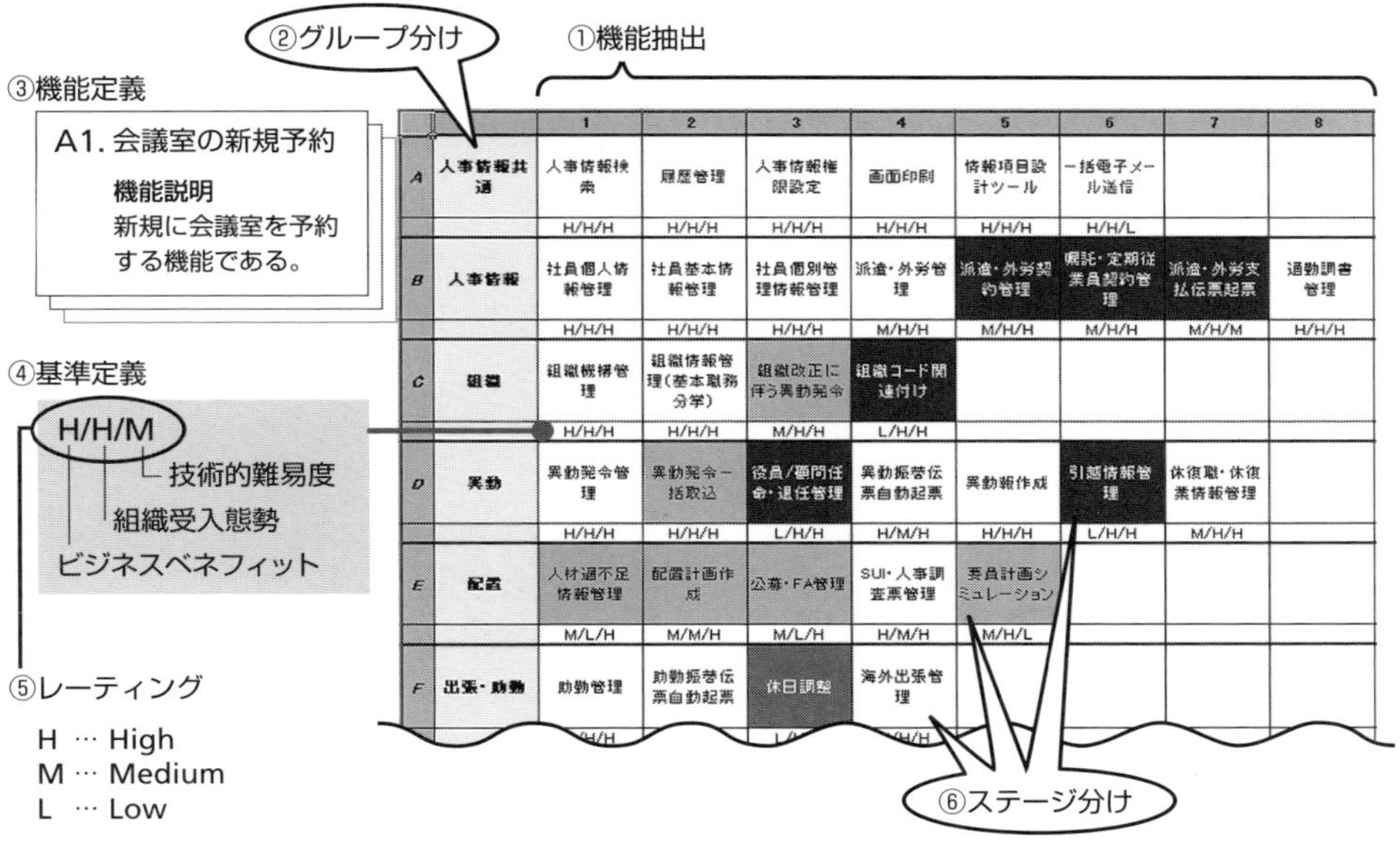

新システムの説明会でこの表を使い、「きちんと絞り込んだ結果ですよ」と説明するのが恒例となっています。

コスト削減策2

手作りではなく、既存のものを買ってくる

『ITに巨額投資はもう必要ない』（新生銀行Jメソッドチーム著、ダイヤモンド社）という本があります。日本長期信用銀行（長銀）から新生銀行に生まれ変わる際に、銀行のシステムをまるごと作り直す話が描かれているのですが、驚くべきはその費用です。ITベンダーに要望を伝えて見積もってもらったら600億円という回答がきたシステムを、なんと60億円で作ってしまったそうです。しかもATMの24時間利用など、顧客にとってのサービスレベルはむしろ業界標準よりも高い。規模や複雑さが大きく違うとは言え、みずほ銀行の2500億円と比べると、低コストが際立ちます。

その秘訣を一言で言えば、「世の中に出回っている部品の徹底した活用」です。銀行の基幹システムはビジネスモデルそのものであるために独自性を重視し、通常はほとんどす

べて手作りします。しかし新生銀行では口座管理のような根幹部分では一般的な銀行業に合わせて作られたパッケージソフトを使っていますし、利用者の免許証確認のような枝葉の機能では「画像情報を取り込むソフトウェア部品」「本籍地など、保持してはいけない情報を黒塗りするためのソフトウェア部品」などを組み合わせ、ひとつの機能を作り上げています。

お店で吊るして売っている出来合いのスーツは安く、オーダーメイドのスーツは高いものですが、この関係がＩＴにも当てはまります。ゼロから自分たちでプログラミングするよりは、ソフトウェア部品を買ってきたほうがずっと安いのです。では、多くの会社はなぜそうしないのか？　スーツに例えるならば、出来合いのスーツは自分の体に完全には合っていないので、オーダーメイドほどは見た目も着心地もよくないからです。ＩＴでも同じで、一般的な企業に合わせて作ってあるパッケージソフトや部品は、自社の業務にピッタリとは合いません。ＩＴに沿って日々業務を行なう立場である業務担当者は、当然ながらこれを嫌います。

別にわがままを言うわけではありません。「この業務は○○でなければならないが、このパッケージではそれを実現できない」と、問題点を指摘するのです。現場視点としては正しい指摘でしょう。しかし考えるべきは「これまでどおりの仕事の仕方を守るために、お金がかかるのを承知で手作りするのは、経営視点から見ても本当に正しいのか？」です。新生銀行の例では、長銀から新生銀行に生まれ変わるタイミングだったのが功を奏したようです。経営陣も刷新され、徹底した合理化とセットでＩＴを構築したからです。ＣＥＯからも何度も「これまでの仕事にとらわれずに業務を作りなさい」という指示が飛んでいます。

わたしも同様の経験をしています。第2章で触れた、古河電工で業務改革と人事システム構築を手がけた時です。創業１３０年の老舗だけあって、「残業パン」という不思議な人事制度や複雑怪奇な就業規則などが当時はありました。さらに厄介なことに、工場ごとに労働組合と交渉を積み重ねてきたため、ひとつの会社の中にローカルルールが乱立している状況。この状況に合わせてＩＴを作ろうとすると、膨大な手間ですし、標準的なパッケージソフトも使えなかったでしょう。

結果を先に言うと、このプロジェクトでは標準的なパッケージソフトに一切機能追加することなく、人事システムを構築することに成功しました。もちろん古河電工の業務のやり方と合わないところも多々あったのですが、業務部門・ＩＴ部門がよく議論し、丁寧に落としどころを探しました。もちろん、経営幹部からも強い指示がありましたし、その裏には、業績が創業以来の危機であったことや、関係会社の上場を控えていて短期に構築する必要があったことなど、「オーダーメイドが許されず、出来合いのスーツを着こなすしかない事情」もありました。

コスト削減策3 業務とITをシンプルにする

既製服を着こなすことにもつながるのですが、ITコストを下げるためには、とにかくシンプルであるのが一番です。そしてITがシンプルであるためには、ITと絡みついている業務そのものがシンプルでなければなりません。ビジネスそのものが年々複雑になっていく中で、はたしてシンプルな業務、ITは実現可能なものなのでしょうか？　日々業務のシンプル化に取り組んでいると、「競争優位の源泉になっていない複雑さ」「単にこれまでの名残で、標準化ができていないだけ」がかなりあるというのがわたしの実感です。

例えば、ある会社で業務改革＆ＩＴ構築の仕事をした時のこと。いつものように業務調査をし、シンプルにできる業務を探していたところ、Ａ工場では製造原価をかなり細かく管理していました。人件費の管理は特に緻密で、例えば、隣の製造ラインで1時間応援作業しただけで、その分の人件費を付け替える事務処理をしていました。こうした応援は頻繁に行なわれますから、膨大な事務量です。ＩＴに置き換えるにしても、この機能を彼らの要望どおりに作り上げるのはかなりコストがかかりそうでした。

製造原価を正しく把握することは、経営の基本中の基本ですから、このこと自体は反対がしにくい仕事です。もちろんＡ工場の皆さんは１００％正しいこととして、文句も言わずにずっとやっています。しかし、わたしは疑問を持ちました。理由のひとつは、同業他社の工場では、もっとずっとおおらかな人件費管理をしていたことです。「別の製造ラインの応援は頻繁にあるけれども、お互い様。ならせば貸し借りは同じくらいだし、結局はひとつの事業部内の原価だから」と。

もうひとつ疑問に思うことがありました。それは、Ａ工場と同じ事業部に所属するＢ工場でも、おおらかな原価管理をしていたことです。その会社は経営判断をする際に事業部ごとの採算を重視していましたから、Ａ工場とＢ工場の製造原価はどうせ合算されてしまうのです。緻密な数字と大雑把な数字を足し算すれば、大雑把な数字になります。実は、経営判断をするうえではこれで十分だったのです。

業務とＩＴのシンプルさ、というテーマでこのエピソードを振り返ると、ポイントがいくつかあります。

①これまで惰性でやっている業務を棚卸しし、現在のビジネス環境に照らして何がベストなのかを考えることは重要だし、ＩＴ構築はそのいい機会である。

②ただし現場の方は、この仕事が必要で、正しいと思ってやっている。「何がベストな業務なんですか？」と聞いても、「いまのやり方がベスト」以外の答えはほとんど期待できない。

③Ａ工場とＢ工場とで仕事の手順やルールが違うとＩＴコストを上げるし、しばしば経営が状況を把握する妨げになる。

このような理由から、業務改革＆ＩＴ構築のプロジェクトでは俯瞰的に状況を整理し、（現場の方ではなく）経営幹部にあるべき姿を判断してもらうことが必須となります。

経営視点で歯止めをかける

業務担当者がこれまでの習慣やルールをシンプルにしたり、標準的なパッケージやソフトウェア部品を使うようにするためには、経営幹部からの説得が必要、と強調しました。逆に言えば、業務担当者やIT担当者に任せておくと、どうしてもコストは高止まりする構図があります。

◉実は、ITコストを高くするのは業務担当者

もちろん、業務担当者がITについて贅沢をしているわけではありません。逆に、当人たちは「いつもこんなに我慢を強いられている」と思っていることでしょう。ただ、業務担当者がよかれと思って行動すると、どうしてもITは高くついてしまうのです。

まず業務担当者は、正しいとされている業務を効率よくこなす責任を持っていますから、ITの機能はできる限りリッチなものを望みます。標準化や汎用的なパッケージを使うべ

きだと言われても、その結果、効率が落ちることは許容しないでしょう。

また、現場の担当者は自分たちのいまの業務が正しく、もっとも効率的であると信じているので、なかなか業務を変えたがりません（狭い視点から見ると、いまの仕事のやり方は確かに効率がよい）。ITを変えると自然に業務も変わってしまいますから、彼らはITが変わることにも反対します。これでは、汎用のIT部品やパッケージソフトは使えません。

◉ITエンジニアも負けじとコストを高くする

一方のITエンジニアも、実は悪気はなくともITコストを高くするように行動します。技術者としての趣味やこだわりに走りがち、という面もありますが、一般的にはそれよりも「コストを下げても誰にも褒められないが、トラブルを起こすとこっぴどく叱られる」という、彼らが置かれた状況が原因です。

具体的には、ハードウェアは十分すぎるくらいのスペックを求めます。ハードウェアの容量不足が引き金となるITトラブルが多いので、コストを考えずに余裕を持っておきたいのが技術者心理としてあります。例えるならば、「お土産をたくさん買うかもしれないから大きなクルマがいい」と、マイクロバスで家族旅行に行くようなイメージです。

そして、100％完璧なテストをしようとします。これもある程度までは正しいのですが、「論理的にすべてのパターンを網羅するためには、何億通りものパターンを虱潰しにする必要がある」という場合もあります。そんな時でも100％の完璧さに経営合理性があるかどうかは、立ち止まって考えるべきでしょう。例えば人の命に関わるITと、社内だけで使うITとでは、求められる完璧さは違うはずです。

もうひとつ。トラブルを恐れるあまり、新技術に後ろ向きなエンジニアもいます。当たり前ですが、新しいことにチャレンジするとトラブルの可能性は上がります。ただしそういった技術は新しいだけあって、大幅にコストダウンできるなど、経営的にもメリットがあることが多い。経営幹部があまりにトラブルを糾弾し、完璧を求めすぎると、こういうチャレンジができないIT部門になってしまいます。

◉経営判断による牽制で、コストは抑えられる

それら業務部門、IT部門双方に働くコスト高の力学に対しては、経営サイドからの強い関与が必要です（図15参照）。プロジェクトの現場から報告があった金額だけを見て「もっと下げなさい」と命じたところで、「これは必要な金額です」と言い返されるだけです。

もっと踏み込んで、業務部門に対しては「この機能がなくて、一見この部門の業務効率が落ちたとしても、全体としてはメリットがあるので我慢して欲しい。その代わりに担当

図15

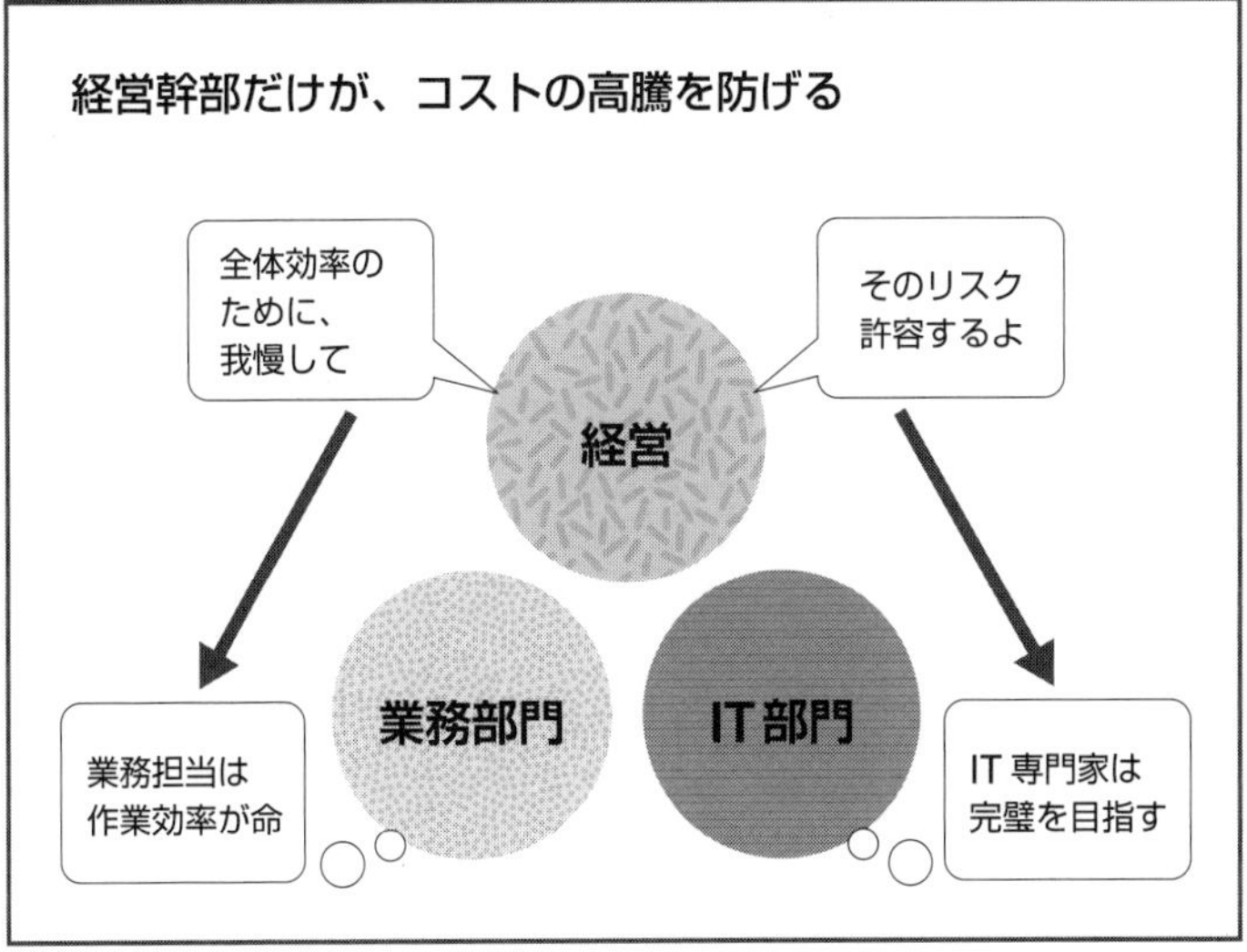

者を1人増やすから」などと経営視点を説明します。IT部門に対しては、経営として目をつぶることのできるリスクは許容するので、過度に作り込んで費用をかけすぎないように、財布の紐を締める牽制が必要となります。

経営幹部が「ウチのITはカネばかりかかる」などと人ごとのように呟くことがいかにおかしいか、こうして見てくるとご理解いただけるでしょうか。「俺はわからんから、ユーザーの要望を十分聞きなさい」という言葉も、一見物わかりがいいように見えて、プロジェクトオーナーの役割を果たしているとは言えません。よりお金がかかる方向へプロジェクトを導くことになるからです。

新生銀行のＣＥＯや古河電工のプロジェクトオーナーのように、「ＩＴを安く作るために、妥協していいこと」を常に訴える必要があるのです。あるプロジェクトでは、オーナーである役員が「このプロジェクトでは夢を語らない。動くＩＴを安く速く作ればいいんだ」というセリフを、重要な意思決定をする節目ごとに何度も何度もおっしゃっていました。そうしないと、すぐに現場は費用がかかるほう、かかるほうに戻ってしまうからです。


この章では「ＩＴがなぜ高いのか？」「どうやって下げるのか」の2つを考えました。多くの会社で、「経営幹部や業務担当者が注文を出し、ＩＴ部門がそのとおりに作る」という関係になっています。まるで「あなた作る人、わたし食べる人」という冷えきった夫婦のような関係です。この硬直した役割分担のままだと、ＩＴコストは構造的に、どうしても高くなってしまいます。

そこで「その三者が協力した時だけできるようなやり方で、本当に必要なものだけを選び、コストをかけない方法で作ろう」というのが、この章で書いたことです。大丈夫。わたしたちが支援するプロジェクトではできていることですから、きっと皆さんの会社でもできるはずです。

第4章

勘・経験・度胸に頼らない投資計画の立て方

1億でできると言ったじゃないか！

経営幹部や業務担当者と、ITエンジニアのコミュニケーションの断絶は深いものです。その中でも、「ITのヤツらは、1億で作ると言っていたくせに、フタを開けてみると1・5倍もカネを使いやがった」「ウチの経営陣はITに理解がないから、勝手に無茶な予算を押しつけてくる。あんな金額でできるわけないよ」といった、予算のブレ幅に関する考え方の違いは、特に深い断絶となっています。近い話としては「1年でできると聞いてたのに……」という、期間に関する断絶もあります。

別にIT部門の人間も嘘つきではありませんし、経営幹部も役に立つならば投資をしてもいいと思っている。それなのに、なぜこういう不幸な相互不信に陥ってしまうのでしょうか。**「プロジェクトの不確実性についての理解の違い」**が鍵となるとわたしは見ています。相互不信にいたる、典型的な会話を再現してみましょう（図16参照）。

大きなITプロジェクトの計画は、経営会議の議題になるのが通常です。IT投資は額

図16

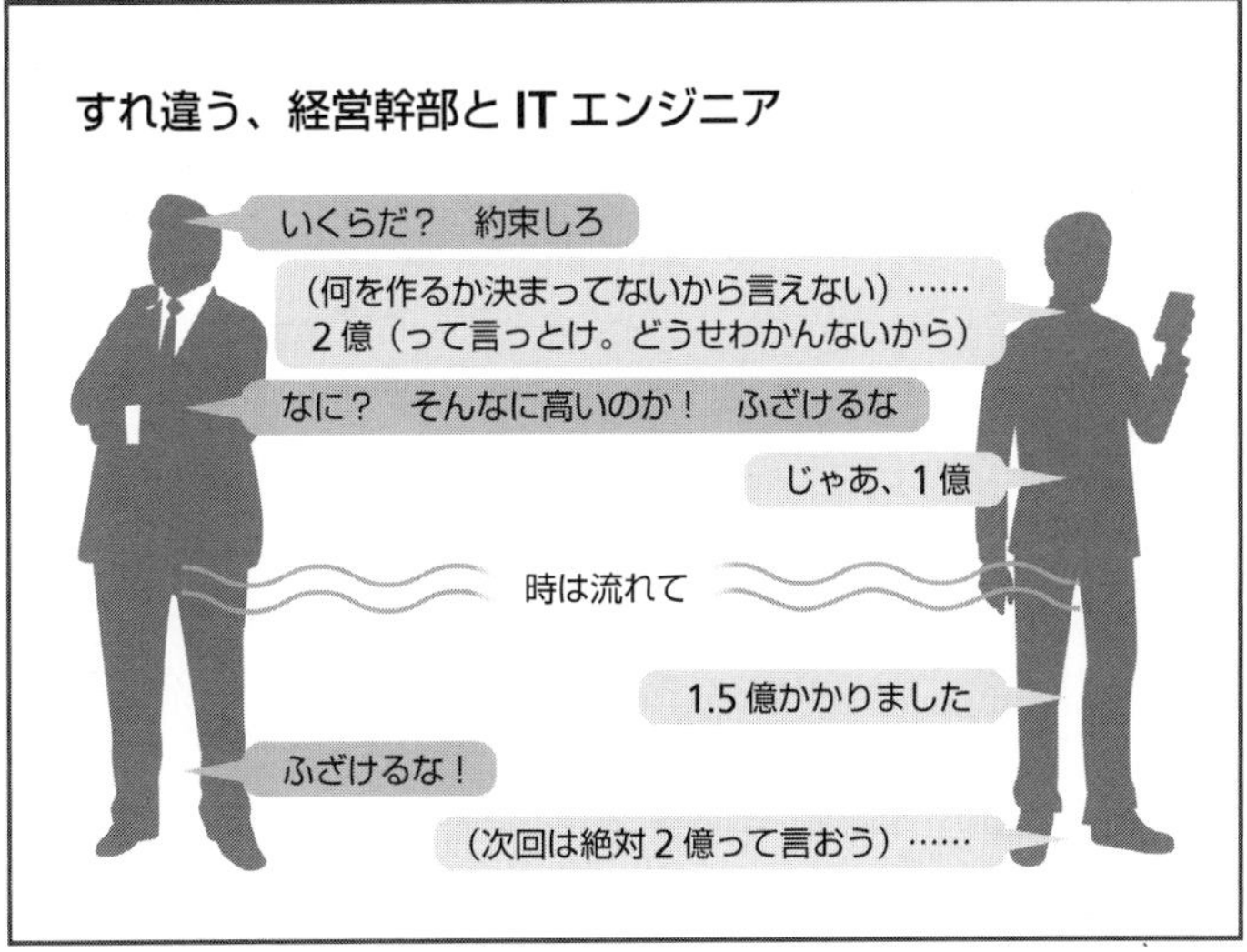

も大きいし会社の将来を左右しますから、当然でしょう。この時にITエンジニアはざっくりとでもいくらくらいかかるのかを答えなければならないのですが、実は、これは答えのない超難問と言えます。

なぜなら一般的に、この時点では何を作るか決まっていないからです。ITだけでなく業務の将来像も変わることでしょうが、この段階では通常、それも明確ではありません。家造りに例えるならば、「家族4人で住む家」というだけで、工法も間取りも内装の豪華さも決まっていない段階で、費用を見積もれ、と言われているようなものです。

そこで勘・経験・度胸でエイヤッと見積もるのですが、後々文句を言われるのが怖いので大きめの金額を伝えれば「そんなに高いのか！」と怒られます。こうなるとプロジェクトを打ち切られてしまう恐怖もありますから、せっかく見積もった金額はそっちのけに、ほどほどの金額を目をつぶって伝えることになります。しかし厄介なことに、この金額が後々ひとり歩きし、絶対守らなければならない制約になることが多いのです。

もともと緻密に見積もったわけではありませんから、さまざまな検討を進めた後できちんと見積もると、たいていはオーバーしてしまいます。「最初っからできるわけがないほどの低予算でプロジェクトをやらざるを得ない」という負け戦はこうしてできあがるのです。つまり、**金額を聞かれて、高めに言うとすぐさま叱られる。低めに言うと後で叱られる。どちらにしても叱られる**ので、ITエンジニアからすると誠にバカバカしい構図です。こうしてITエンジニアは「とにかく、言質を取られないように、何も約束しないコミュニケーションスタイル」を身につけていきます。

一方の経営幹部は「ITエンジニアは油断も隙もない。俺が高いと言わない限り、わからないと思ってすぐにふっかけてくる。2億もかかるわけないじゃないか」なんて思っています。ITエンジニアのコミュニケーションスタイルに対しても「あいつらは何も明言しない。あれで仕事と言えるのか」とフラストレーションを溜めていきます。まさに相互不信、コミュニケーションの断絶です。

この構図の変形バージョンもあります。安すぎる予算金額が最初に決まってしまった後、どうあがくかで何パターンかに分かれるのです。

(A)後で叱られないために、無理やり予算を守ろうとする。具体的にはサービス残業、休日出勤など。結果として、次世代のＩＴを担う貴重な人材が辞めてしまう。

(B)品質が悪くなるのを承知で、手抜き工事をする。プロジェクトゴールが達成できなくなったり、稼動後にメンテナンスする際に余計な費用がかかるようになる。

(C)途中で費用がどんどん増えるのが怖いので、最初に金額を確定させてくれる外部ベンダーに丸投げする。その結果、自社ではＩＴの中身を把握できなくなったり、プロジェクトを経験できずに人材が育たないなど、長期的にＩＴ組織が弱体化する。

どれも経営幹部からは見えにくいところで、問題の種が埋め込まれます。プラント型ＩＴをきちんと構築・運営していくうえで、由々しき事態です。これらは経営とＩＴの断絶、コミュニケーション不全が引き起こすのです。

ITプロジェクトは荒馬に乗るがごとし

結局のところ、経営幹部とITエンジニアとでは、ITプロジェクトがまったく違ったものに見えています。経営幹部はITだろうがプロジェクトだろうが仕事のひとつに過ぎず、「最初に路線を決めて指示すれば、きちんと部下が進めるはず」と思っていることでしょう。

一方のITエンジニアからすると、プロジェクトは荒馬のようなものです。意のままにならないプロジェクトに振り落とされないように乗りながら、どうにかゴールまでたどり着く、というイメージです。ちなみに、この本の元になったレクチャーで図17の2枚のイラストを示しながら話をしていたところ、ITプロジェクトの経験がある人は皆「そうそう！　この振り落とされそうな感じ！」とわざわざ口に出して共感してくれました。

個人的な話ですが、わたしのキャリアのスタートも、そのような混沌としたプロジェクトでした。川崎と千葉を結ぶ東京湾アクアラインの総工費は1・5兆ほどですが、毎月の

図17

プロジェクトは乗馬か？　ロデオか？

経営者が抱く、
IT プロジェクトのイメージ

IT 専門家が抱く、
IT プロジェクトのイメージ

通行料で何十年もかけながらコツコツと返済していく必要があります。わたしたちが作ったのは、その金額シミュレーションのためのシステムでした。

大学ではITとは無関係のことを勉強していたのですが、怪しさに惹かれて小さなプログラミング会社に入社しました。IT研修を2か月ほど受けてアクアラインのプロジェクトに配属されたのですが、研修で習った仕事のイメージとはどうも違います。多くの先輩が真剣に仕事を頑張っていたものの、納期を守れるのか、前工程の成果物は信頼できるのか、よくわからなくなっている状態だったのです。

挙句の果てに、そのシステムの根幹

であるシミュレーションプログラムは、後から参加したド新人であるわたしが担当することになりました。プログラムの計算ロジックは一応決まっていましたが、どうしてそのロジックが正しいのか、きちんと説明できる先輩は誰もいない……。かなりの迷走プロジェクトです。新人なのでお金のことまで気が回りませんでしたが、当初予定に比べて大幅なコストオーバーだったことでしょう。

その時は結局、2か月ほどは土日もなく仕事をし、なんとか完成にこぎつけました。そして、虚脱感の中で「どうしてITプロジェクトはこんなに迷走してしまうのか?」「これだけ迷走するのだから、そもそも当初の予算を守るなんてできっこないのでは?」という疑問が浮かびました。

いまでもアクアラインのトンネルをくぐるたびに、当時を思い出して感傷的な気分になります。そして、転職して名刺の肩書がコンサルタントに変わり、プロジェクトに関する本をいくつか書いたいまでも、わたしはライフワークとしてその疑問を追いかけています。いまではほとんどのプロジェクトを成功に導くことができるようになりましたが、「お嬢様の乗馬」というよりは、「たまに振り落としそうになりながらも、荒馬のご機嫌を取るのがうまくなったので毎回ゴールまでは行ける」という程度です。

このように、経営幹部とITエンジニアとでは「乗馬なのか、荒馬乗りなのか」というレベルでITプロジェクトに対するイメージがズレているので、話が噛み合いません。「なぜ、ITプロジェクトのコストは大幅にブレるのか」というテーマに関しても、「プロジェクトってもともとそういうものだよ」「初めてチャレンジすることが多いから、ある程度はブレて当然だよ」というのがITエンジニアの本音だと思います。

実際に世間には、「当初予定の3倍の費用がかかった」とか「5倍の費用がかかることが2年経ってからわかったので、プロジェクトを中止した。中止までにかけたお金はすべて無駄になってしまった」などというすさまじい話がゴロゴロしています。特許庁の基幹系システム刷新プロジェクトも、ベンダーに130億円ほど払ってから中止になったので話題になりました。

この章では、「なぜ、**ITプロジェクトのコストは予定より大幅に高くなるのか**」について考え、そこから逃れる必勝法をお伝えしましょう。

◉ブレる理由1：金額だけ先に決まっている

先ほど紹介した経営幹部とITエンジニアとの会話例で、ポイントとなるのは「作るものが決まっていないのに金額を聞かれる」という箇所です。こうなってしまう理由のひとつは、大企業では予算計画を年度単位で立てることにあります。プロジェクトを立ち上げる頃に金額を決め打ちしておかないと、予算を確保できないのです。もうひとつの理由は、経営会議でプロジェクトの承認を得る時には、計画が詳細化されていなくても「いくらお金がかかるのかまったくわかりません」というわけにいかないことです。5億なのか、10億なのかで経営判断はまったく違ってくるからです。

とはいえ、いくら会社の事情があったとしても、作るものが決まっていない状態で見積もった金額では、外れるのは当たり前です。以前、見積もりのブレ幅について経営幹部と議論していたら、「ブレ幅が大きいって言うけど、それは経験でカバーできないの？　だからあなたたちを雇っているのに」と言われてしまいました。そのとおり、経験でカバーできる範囲は大きいのですが、経験は万能ではありません。経験が物を言うのは、何を作るかが明確になった後です。プロジェクトの本当の初期段階ではこれが固まっていませんから、「4人家族で住む家っていくらくらい？」と聞かれているようなもので、部屋数や内装の豪華さなどによって2倍や3倍くらいは違ってきてしまうのです。

安いほうに外れてもいいはずなのですが、たいていは予定よりも高くなってしまいます。先ほどの会話例のように、あまり高い金額を言うのははばかられる雰囲気がありますし、漠然と考えていた時よりも、細部を詰めていくとやるべきことが見えてくるのは世の常ですから。

この「何を作るのか決まる前に、金額だけ決め打ちする」という習慣を改めない限り、どれほど見積もり能力を上げても、必ず予算はブレてしまいます。

◉ブレる理由2：想定外のことが起こる

何度も書いていますが、プロジェクトとは初めての試みを手探りで進めるような仕事です。いくら似たようなプロジェクトの経験があっても、プロジェクトは毎回状況が違うために予測のつかないことがたくさん起こります。例えば以下のような流れです。

- 「IT構築を安く済ませるために、汎用パッケージに業務を合わせる」という方針でプロジェクトをスタート
- 特殊な方法で工場の生産を管理していたことが、プロジェクトの途中で判明した（他社と比べて特殊な管理方法だとは思っていなかったため、調査が遅れた）
- 他社と同じ管理方法を採用し、無理やり汎用パッケージに合わせようとすると、工場の生産性が半分に落ちてしまうことがわかった
- いくらITコストを下げるための方針といっても、工場の生産性が半分になってしまっては本末転倒

●結局、その部分はゼロから別の方法で作り直すことにした

もちろん、こういったことが起こらないように、事前に業務やパッケージのことを徹底的に調べたり、その道のプロを雇ったりするのですが、何ごとも限界はあります。こういうことが起きてしまう可能性はゼロにはできません。進めるに従い、次々とこういった課題が降りかかり、なんとか凌ぐ方法を見つけながらも立ち止まらずに進むのが、プロジェクトというものです。その過程で、予定よりも費用がかかってしまうこともまた、ゼロにはできません。

さて、ここまで見てきたように、最初に決めた金額どおりにＩＴプロジェクトを進めるのは難しいものです。最初に予定を１００％確定させてしまい、もう変更できなくなってから「実態を調査したら、とても予定金額では収まらない、さあどうしよう」という仕事のやり方が、そもそもなじまないのです。また、明らかにうまくいっていないのに「もう決めたことだから」「社長にやると宣言してしまったから」などの組織の力学で思考停止し、傷を深くしてしまうケースがよくあります。

わたしたちケンブリッジが支援するプロジェクトでは、こういったＩＴプロジェクトの

本質的な難しさに対処するために、２つの作戦を使っています。ひとつは、外れるのを承知のうえで、それでもきちんとシミュレーションする作戦。もうひとつは段階的にプロジェクトの重大な意思決定をしていく作戦です。

作戦1 費用と効果の多角的シミュレーション

プロジェクト計画を立てる時、たいてい図18のようなグラフを描きます。プロジェクトに必要な費用と得られる効果を金額化し、時系列に並べるのです。もちろん最初の数年はＩＴをコツコツ作るなど、お金が出ていくばかりで効果は現れませんから、赤字となります。ＩＴを作り終わると大規模な投資は必要なくなりますが、今度は毎年かかるランニングコストがかかってきます。しかし徐々に効果が出始め、数年経ってようやく最初の投資を回収し、黒字転換できます。

グラフを描くための詳細なテクニックは別の本に書いたのでここでは触れませんが、登場する費用や効果の項目くらいは押さえておいたほうがよいでしょう。経営幹部、業務担

図18

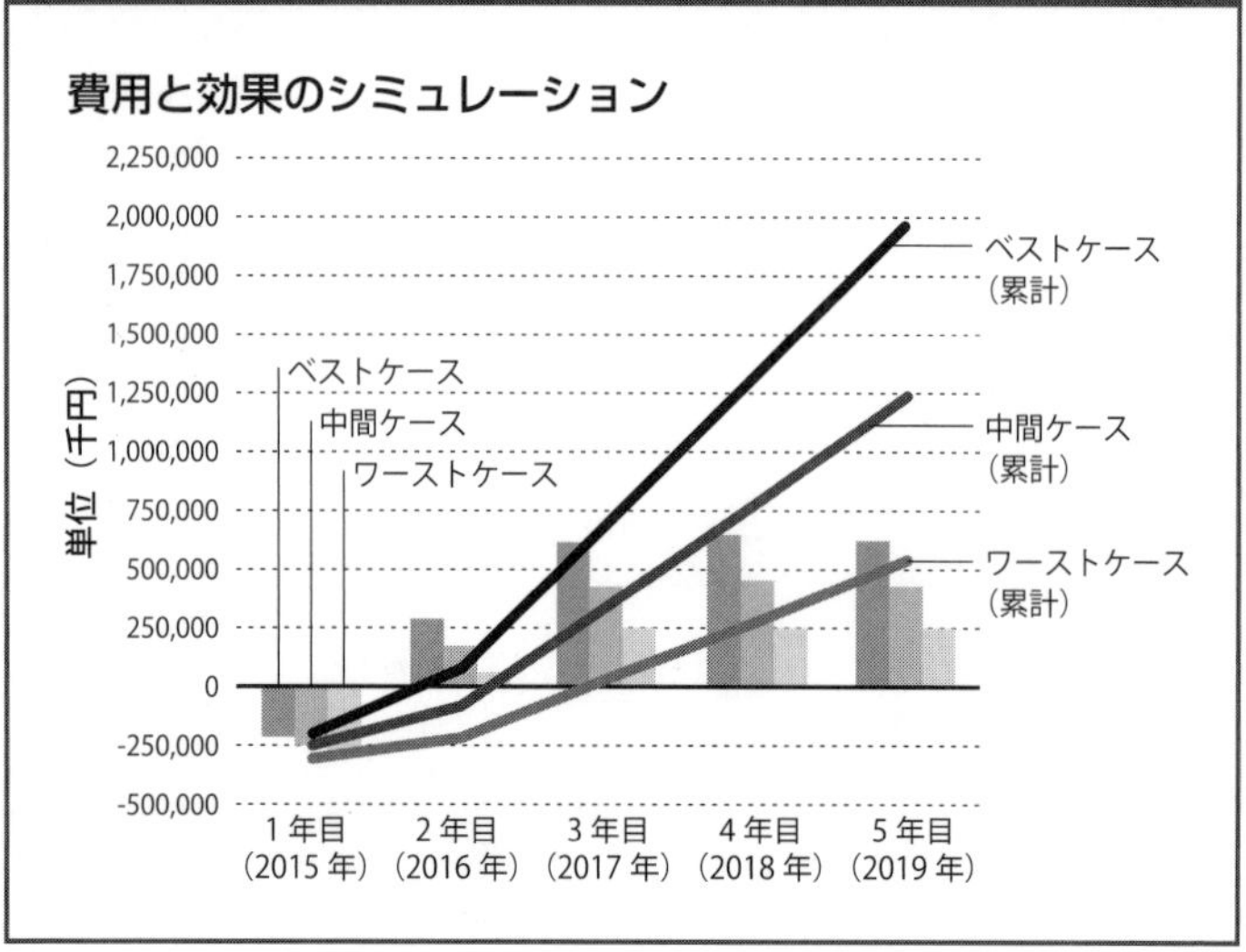

当者、ＩＴエンジニアの三者でコミュニケーションするにはよいツールだからです。図19でイニシャル（初期投資）とランニング、定量効果と定性効果などが具体的にどんな項目から成り立っているのかを見ておいてください。

費用の見積もりをするのはＩＴエンジニアの仕事でしょうが、効果の皮算用は業務部門や経営幹部の仕事となります。もちろんプロジェクトによって、どういうゴールを狙うのかはさまざまですが、ざっと分類すると次の４種類のどれかに入ることでしょう。

(A)新しいビジネスや販路を作ることで売上げが増える

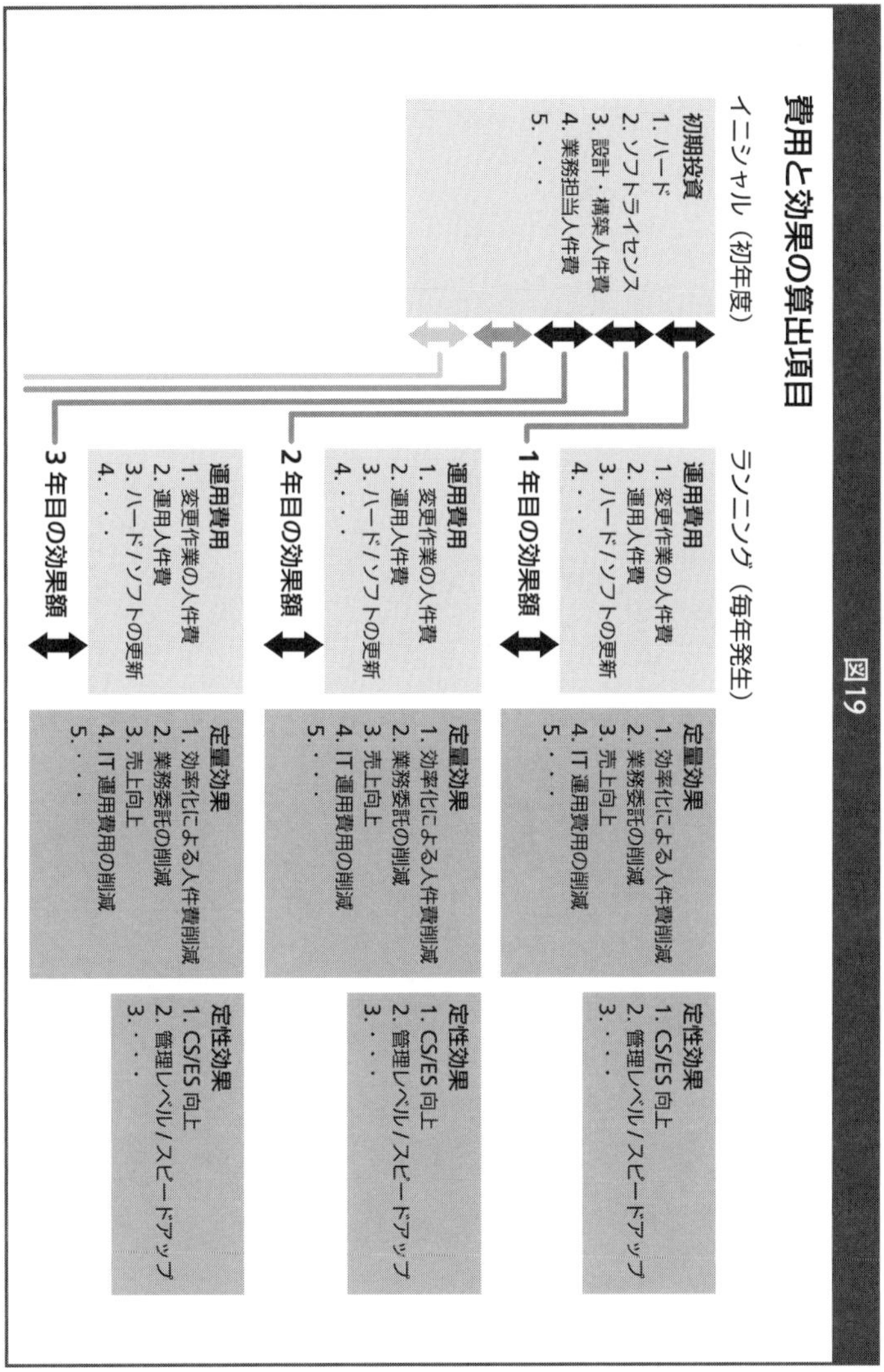
図19
費用と効果の算出項目
イニシャル（初年度）
初期投資
1. ハード
2. ソフトライセンス
3. 設計・構築人件費
4. 業務担当人件費
5. . . .
ランニング（毎年発生）
運用費用
1. 変更作業の人件費
2. 運用人件費
3. ハード／ソフトの更新
4. . . .
定量効果
1. 効率化による人件費削減
2. 業務委託の削減
3. 売上向上
4. IT運用費用の削減
5. . . .
定性効果
1. CS/ES向上
2. 管理レベル／スピードアップ
3. . . .
1年目の効果額
運用費用
1. 変更作業の人件費
2. 運用人件費
3. ハード／ソフトの更新
4. . . .
定量効果
1. 効率化による人件費削減
2. 業務委託の削減
3. 売上向上
4. IT運用費用の削減
5. . . .
定性効果
1. CS/ES向上
2. 管理レベル／スピードアップ
3. . . .
2年目の効果額
運用費用
1. 変更作業の人件費
2. 運用人件費
3. ハード／ソフトの更新
4. . . .
定量効果
1. 効率化による人件費削減
2. 業務委託の削減
3. 売上向上
4. IT運用費用の削減
5. . . .
定性効果
1. CS/ES向上
2. 管理レベル／スピードアップ
3. . . .
3年目の効果額

(B)業務が効率化し、人件費を圧縮できる（人材を他の仕事に回せる）
(C)旧ITに比べて維持費が安くなる
(D)仕事の質が上がる（スピードや管理レベルの向上）

4つのうち、(A)〜(C)は金額、つまり数値で効果を語れるので、定量効果と呼びます。(A)であれば、Web販売を始めて売上げが2億増えた、(C)であれば大型コンピュータからパソコンに置き換えたので年間4000万円ランニングコストが減った、といった感じです。(D)だけは、数値化には馴染みません。一時期ERPパッケージ導入の旗印だった「決算の早期化」なども、決算が3日早く締まったからといって、即100万円儲かる、という話ではないでしょう。従業員満足度の向上なども、数値化に馴染みにくい効果と言えます。これを定性効果と呼びます。

いずれにせよ、プロジェクトの投資可否を決断する際はこういったグラフを描き、議論することになります。もちろん、費用も効果も将来のことですから、この予測が必ず当たるとは限りません。だから皮算用に過ぎないのですが、これすら描かずに始めたプロジェクトよりは、ずっと見通しが立ちます。例えば5年経っても黒字に転換しない場合でも、「もともと早期黒字転換は難しいと考えていた。それでも○○や××の定性効果が見込めるので、プロジェクトにGOサインを出したんだ」と、後から確認できるからです。

作戦2 段階的意思決定法

プロジェクトの成功率が8割、9割くらい高いなら、よーいドンで走りだし、ゴールまで突っ走るような仕事の仕方でよいと思います。しかし現実は30%です。そして先ほど強調したように、プロジェクトの初期段階でITコストを見積もるのはほぼ不可能です。だとしたら、プロジェクトの途中途中に「このまま進めるべきか」を判定するチェックポイントを設けるのが有効です。具体的には効果と費用を見積もりし直し、前節で紹介したシミュレーションのグラフもその度に描き直します。もちろん結構な手間がかかるのですが、それだけの価値はあります。シミュレーション結果を吟味し、当初の予想が外れたことにいち早く気づいたならば、方向修正するか、いっそのこと傷が深くならないうちに中止するのです。

実は、これしか会社を揺るがすような大失敗プロジェクトを作らない方法はありません。

「気づいたら費用が3倍」というプロジェクトはチェックポイントがないか、あっても「もうこんなに投資したので、いまさら中止できない」と非合理な判断をしてしまっているのです。

段階的意思決定法について、もう少し具体的に説明しましょう。

図20のグラフで曲線が2つ引かれているうち、上の曲線が「もっとも高くなった時の費用」を意味し、下が「もっとも安くなった時の費用」を意味しています。プロジェクト開始当初は、2本は遠く離れています。つまり見積もりのブレ幅が大きいことを示しています。施策の検討や要件定義を経るとプロジェクトのさまざまなことが決まるので、費用予測は徐々に正確になっていきます。

①施策検討

プロジェクトで取り組む施策を検討するフェーズ。施策として効果がありそうか、戦略や業務をどう変えるか？　といった議論が中心になるので、この段階では「どんなＩＴを作るか」はまだ明確になっていません。

②概算見積もり

施策検討が終わった段階で、1回目の見積もりと、費用対効果シミュレーションを

図20

段階的意思決定法

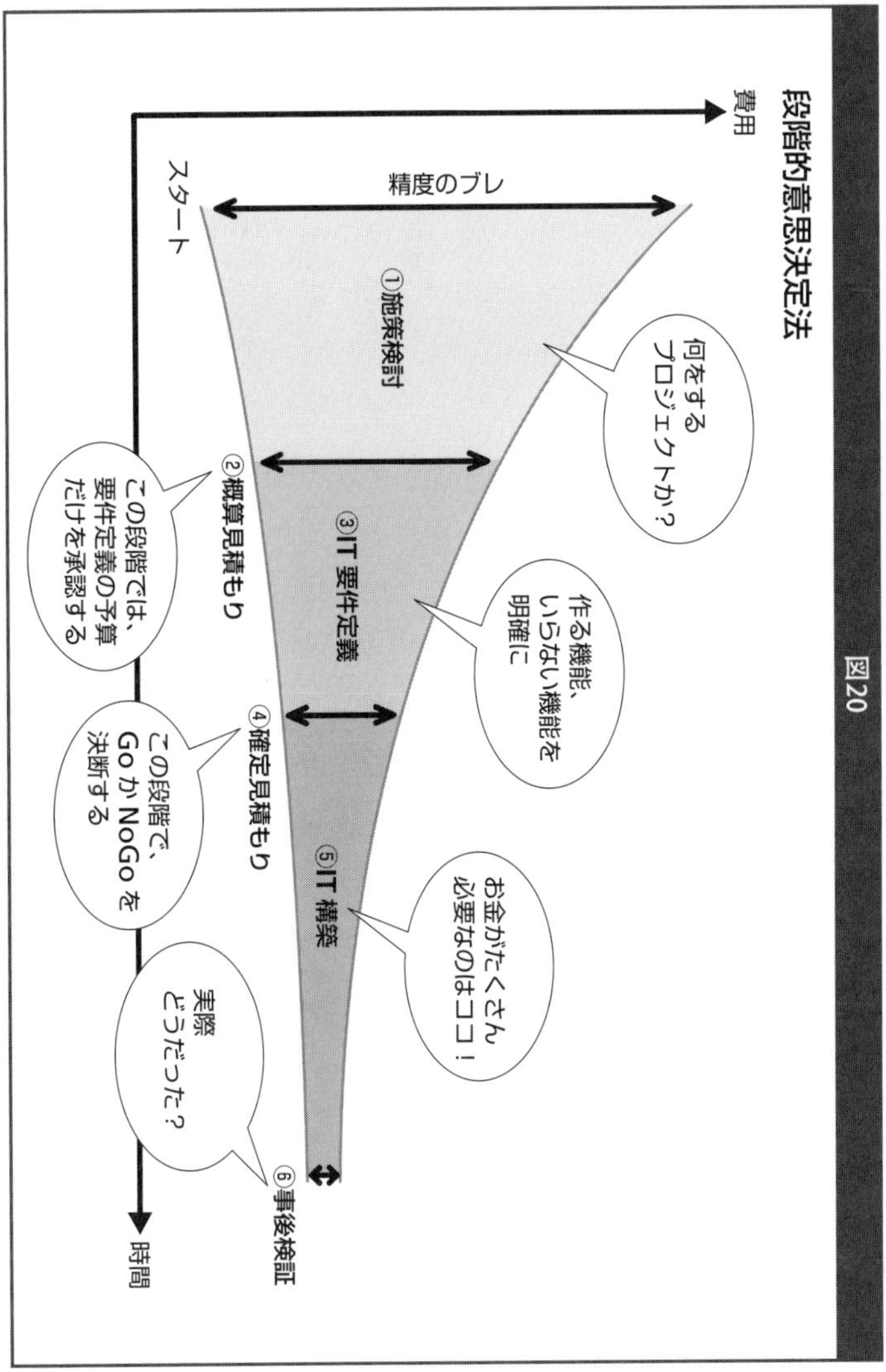

行ないます。この段階での見積もりは概算レベルしかできないので、経験抱負な人が担当しても、マイナス50％からプラス２００％程度の誤差があり得ます。従ってプロジェクトコストを確定させるというよりは、**「次のＩＴ要件定義をすすめる価値があるか」の判断に集中**します。まじめに要件定義をするとそれだけでも結構な人件費が必要ですから、その人件費の決裁をとるという位置づけです。逆にこの時点で、要件定義をする価値すら感じない（投資を回収できそうにない）と判断された場合は、プロジェクトはここで終了です。

③ＩＴ要件定義

施策の実現にはどのようなＩＴが必要で、何がいらないのかを明確にします。第3章で説明したように、本当にいる機能だけを選択するのはこのフェーズです。また、「すべて手作りするのか、汎用パッケージを使う余地があるのか」などの作り方を決めるのもここです。

④確定見積もり

この段階で、ようやくきちんとした見積もりができるようになります。具体的には、「明確になった、本当に必要な機能」を改めてＩＴエンジニアに説明し、より正確な見積もりを求めます。外部ベンダーに構築を依頼する場合も、この段階で相見積もりを取ることになるでしょう。

この確定見積もりをもとにシミュレーションを再度行ない、それをもとにIT投資の最終決断をします。最初の概算見積もりよりもお金がかかるとわかった場合や、思っていたより効果が出ないと判明したら、「それでも投資の価値があるか」をいま一度立ち止まって議論するのです。そこでGOサインが出ると、ようやくITの構築を会社として決めたことになります。

社外のベンダーにIT構築を依頼する場合は、確定見積もりをベースに「この金額で作ります」という請負契約を結ぶことになるでしょう。社内のIT部門が構築する場合でも、確定見積もりをもとに「人件費はこの金額に抑えます」という部門としての約束をしてもらいます。

⑤IT構築

残念ながら、ITを作っている最中にも予想外のことが次々と起こりますが、④で確定見積もりをもとに約束をしていますから、ここから先の金額のブレは作り手側(社外のベンダーまたは社内IT部門)でやりくりしてもらうことになります。作り手の側も、そのための予備費を通常は確保しています。

とは言え、発注者側の勘違いやビジネス環境の変化など、作り手に責を問えない理由で、追加で作業を依頼するケースもあります。そこで発注する側でも10～15％の予備費を確保しておきます。

⑥事後検証

せっかく時間をかけて作ったシミュレーションですから、プロジェクトが終わったら振り返り、検証しましょう。業務も複雑化していますし、ITも日々進歩していますが、こういった検証結果を会社に蓄積することで、次回の見積もりはより正確にできるようになります。

もちろん「プロジェクトをやったかいがあったのか」を判断する材料にもなります。

プロジェクトが予測困難であることを前提に、**検討が進むたびに見積もりをやり直し、一回立ち止まり「本当に投資するのか」を問い続ける作戦**です。まどろっこしいと感じた方もいるかもしれません。そういう方は、プロジェクトが荒馬に乗るようなものであり、時に当初予算が3倍にも5倍にも膨らんでしまうことを思い出してください。この作戦が不要なのは、乗馬のように予定どおり進む仕事だけのはずです。

経営幹部は不確実性と向き合おう

この作戦がうまくいくかどうかは、経営幹部がこのプロセスに主体的に参加するかどうかにかかっています。というのも、プロジェクトの現場で一生懸命検討しているメンバーたちは、客観的に「本当に続けるべきか」を判断できなくなっています。半年もかけて練ってきたプロジェクト計画をゴミ箱に捨てる決断は、当事者にはできません。

そこで、経営幹部が改めて冷静に精査し、時に冷酷な判断を下すことになります。ここで中断したらこれまでの努力がすべて無駄になることが頭をよぎると、途端に悩ましくなります。しかし、よく考えてください。通常、前記の①～④で必要となる人件費は、プロジェクト総額の10～15％ほどでしかありません。本当にお金がかかるのは、コツコツとITを作り込む、⑤のステップだからです。

「いままで使ったお金と時間がもったいないという理由で、総額がいくらになるかわからないプロジェクトをズルズルと続ける」と「これまでつぎ込んだ10％の計画検討費用を捨てて、悲惨なプロジェクトを未然に防ぐ」とを比較したら、当然、後者を選択すべきでしょう。このような大胆な判断こそ、経営幹部に求められるのです。逆に言えば、経営幹部がこのようなシビアな判断から逃げているからこそ、予定の3倍や5倍も費用がかかり、完成しても誰もうれしくないようなITプロジェクトが後を絶たないのです。

先ほどの「経験でカバーできないの?」と言った経営幹部は、「俺たち営業だって、年間目標よりも売上げが下回れば、バカって怒られる。IT部門がコスト目標をオーバーしたらバカって言うよ」ともおっしゃっていました。サラリーマンとしては、まあそのとおりかもしれません。ただ、「予算がオーバーしたら罵倒する」というコミュニケーションスタイルだと、経営幹部とITエンジニアの断絶は深まるばかりです。その後、本音で話ができず、双方にとって不幸なだけではないでしょうか。

ITプロジェクトは本質的に不確実性が高く、ブレ幅が大きい仕事です。それなのに「最初に言った1億で作るのが、お前らITエンジニアの仕事だろ」と言うのは、悪気はなくても、不確実性をITエンジニアだけに押し付けている構図になります。

ところが、大きな不確実性をコントロールするスキルや権限を、ITに限らず現場の人間は持ち合わせていないものです。むしろそれは、会社全体を見渡して資金や人材などを動かすことができる、経営幹部こそがうまくコントロールできるのです。この章でわたしが言いたかったのは、「不確実なことを経営幹部も理解し、協力して荒馬を乗りこなしましょう」に尽きます。

新国立競技場にみる、炎上プロジェクトの内情

この本を書いているのは2015年6月ですが、2020年東京オリンピックに向けた新国立競技場の建設プロジェクトが大きな話題になっています。ざっと経緯をまとめておきましょう。

①オリンピック招致合戦のさなか、ザハ・ハディド氏による斬新なデザインが国際コンペを勝ち抜く。この時の予算は1300億円。（2012年11月）

②ザハ氏のデザイン案に対して、景観などを理由にした反対意見や、当初予算には収まらない懸念が一部の建築家などから表明されるが、概ね黙殺される。

③東京オリンピック招致決定（2013年9月）

④下村文部科学相が国会答弁で建設費が3000億になる見通しを表明（2013

年10月）

⑤数回の設計変更や再見積もりの結果、2520億の見積もりの建設案で着工することが発表された。それでも当初計画からは大幅な予算超過のため、多くの人に知られることになった。（2015年6月）

最初にザハ氏の案に決まった少し後から、わたしはこの問題を興味深く眺めていました。サッカー観戦で年に数回は通っていた愛着のある場所でしたし、わたしのメインの仕事である「プロジェクト」の話でしたから。もう少し言えば「どでかい失敗プロジェクト」の気配がしたので、研究対象としてはうってつけでした。公になりにくい企業内のプロジェクトとは違って、予算の額や決定の経緯などが比較的オープンにならざるを得ないからです。

執筆の段階ではこのプロジェクトがどのように収束するのかはわかりませんが、現時点でさまざまな反対意見が出ています。①ロンドン五輪などの前例に比べて、突出して高い建築費をかける必要があるのか？　②2520億の大半がいまだ「裏付けのない皮算用」になっているため、最後は税金で補填することになるのでは？　③当初の1300億から着工もしていないのに倍近くまで予算が膨らんでいるのだから、いま一度計画を見直すべきなのでは？　④仮に無事建設されたとしても、維持費が高く、将来にわたって財政を圧迫するのではないか？　などが主な論点でしょう。

ＩＴプロジェクトを失敗させないためのヒントを学ぶ、という観点から、新国立競技場プロジェクトのマズい点を検討してみましょう。

◉何がゴールなのか、不明確

何のために巨額な投資をするのか、まったく意見が一致していない状態です。

- **度肝を抜く建築案を示して、オリンピックを招致するするのが目的？**
- **スポーツの聖地として末永く利用されること**（先代の国立競技場のように）**？**
- **コンサートなどのさまざまな用途に貸し出して利益を出す？**
- **あえて難しい建物にして、日本の建築技術力を世界に見せつける？**

他にもいくらでも挙げられるでしょう。ポイントは、一つひとつはどれも立派な目的で反論しにくいのですが、何もかもをひとつのプロジェクトに盛り込むと破綻するということです。カレーとラーメンとお寿司がいくら美味しくても、ひとつの鍋にぶちこんだらひどい味になるのと同じです。

例えば、コンペで選定を担当した建築家の安藤忠雄氏は「もし建設できるならば、技術としてすごいことだ」を選定理由に挙げています。これを読むと「本当に建設できるのか」「技術的にすごいことを成し遂げるのはいいとして、巨額な投資に見合うのか」という疑問が自然に浮かびます。

ＩＴプロジェクトでも、こういった状況は非常によくあります。たいていのプロジェクトでは、一応もっともらしい「プロジェクトゴール」は掲げられています。ですが、どれが一番大事なゴールなのか、をプロジェクトメンバー間で突き詰めて議論していないケースがほとんどなのです。そのため、プロジェクトが難所に差しかかった時に意見がバラバラになり、ひどい時にはそのままプロジェクトが頓挫してしまいます。

経営幹部としてのリーダーシップが問われる大切な局面です。

◉投資の正当性が不明確

本当に必要な金額が2520億なのか、もっと膨らんでしまうのか、という疑問もあるのですが、それ以前に、「たとえ2520億で収まったとしても、このプロジェクトに2520億も使う価値があるのか？」を誰もとことん議論していません。おそらく最終的にツケが回ってくる国民に対しての、わかりやすい説明もありません。

屋根にいくらかかるとか、そういう話は出ています。しかしいま議論すべきは、もっとベーシックな部分です。つまり「なぜ、我々は2500億かけてでも立派な競技場が必要なのか。1000億しかかけないと何が起こるのか？　他の投資よりも優先度が高いのか?」といった話なのです。プロジェクト関係者にこれを熱く語る人がひとりでもいれば、また違った展開になるのですが……。

◉投資見積もりが上振れしても、立ち止まれない

もともと1300億という予算で設計コンペをしたわけですから、見積もりをし直して2500億だの3000億になってしまった時点で、立ち止まってゼロから議論が必要だったのでしょう。設計コンペに参加した他の応募者だって「おいおい、3000億も使っていいなら、もっと素敵な案を出したよ」と思うでしょうから。

ITプロジェクトでのコンペに置き換えて考えてみましょう。

ベンダーA社の見積もりが10億。

ベンダーB社の見積もりが15億。

予算を少しでもセーブしたくて、A社を選んだのに、3か月後にA社から出てきた確定見積もりには20億と書いてある。

こういうことが起きないように、確定見積もりで増額したケースの費用負担の仕方について、事前にベンダーとは必ずすり合わせをします。それでも、残念ながらこのような状態になってしまったら、「そんなにコストがかかるとわかっていたなら、その案を選ばなかっ

た」と言って中断すればいいのです。

そして落ち着いて「予定どおり10億でやってもらう方法はないのか？」「いまさらではあるが、ベンダーB社に選び直したほうがいいのか？」「そもそも、20億もかかるならプロジェクトをやらないほうがいいのか」という選択肢を前に、悩めばいいのです。もう決まったことだから、と当初予算の2倍で無理やりベンダーA社と心中するよりはマシなはずですから。

でも、そういう「プロジェクト計画の大幅修正」の言い出しっぺになって、組織の方向を新しい計画に無理やり合わせるには、リーダーの大変な豪腕が必要となります。しかも見返りの少ない汚れ役ですから、それをやろうと言える人はなかなか現れません。だから、全員が「計画を立て直したほうがいい」と思っているのに元の計画で突っ走ってしまう「最初から失敗が運命づけられたプロジェクト」をストップできないのです。新国立競技場のプロジェクトのように。

組織の本当の強さは、こういういざという時に、汚れ役を買って出る豪腕リーダーが何人いるか、で決まるのではないでしょうか。

◉すでに投資した少額にこだわって、計画を変えられない

2015年6月の段階で、新国立競技場プロジェクトを主管するJSC（日本スポーツ振興センター）は、計画を変えずに突っ走る理由として、

- **設計のやり直しによる工期の遅れ**
- **解約するとデザインしたザハ氏へ13億円を支払う必要がある**

を挙げています。

2500億のプロジェクトを議論しているのに、13億を捨てる決断ができないのは、あまりに非合理です。13億はどちらにせよ、もう戻ってきません。無駄になったのは前回の選択ミスとして、反省するしかないのです。その結果、計画を見直して、1500億で作れたらなんの問題もないはずです。

そして「いまさら計画を変えると、スケジュールが間に合わない」というのも、問題が多いプロジェクトではよく聞くセリフです。一見、仕方のない、合理的な言いわけに聞こえます。でも、ちょっと待ってください。今回これだけ揉めているのは、いまの計画がずさんなのが根本原因です。

A時間がないことを理由に、ずさんな計画で突っ走る

B いったん立ち止まり、計画を練り直して再出発する

この2つの間で迷う時は、(B)のほうが結局は早かった、というケースがほとんどです。た

だし、そのことは(A)で突っ走ろうとしてにっちもさっちもいかなくなった時に、ようやく理解できるのです。わたしも、プロジェクトで困っているお客さんに(B)を勧めて、理解してもらえなかった苦い経験があります。

プロジェクトは計画がダメだと、どう頑張ってもうまくいきません。時間がないことを理由にずさんな計画のままスタートすると、必ず失敗するし、立ち止まって計画を練り直す時間は、後で必ず元が取れるものです。

新国立競技場プロジェクトのニュースを追っていて、暗澹たる気持ちになるのは、太平洋戦争の頃から、わたしたち日本人の組織風土がまったく変わっていないことを思い知らされるからです。名著『失敗の本質』（ダイヤモンド社）を読むと、旧日本軍において「誰もが失敗する作戦だと思っていたが、『彼の立場がないじゃないか』などと言う大将に反対できる空気ではなかった」などの情緒的な理由で悲惨な失敗を重ねる様子が、繰り返し登場します。

新国立競技場の件でも、「日本国民にとって、よりよい建設プロジェクトを導こう」とリーダーシップをとる官僚や政治家はいないようです。代わりに「あの元首相が悪い」「民主党の時代に決定したことだ」などと責任のなすり合いが始まる始末です。

企業内の大型投資プロジェクトでこんなことをやっていたら、会社が潰れてしまいます。

この本のテーマであるＩＴにおいては、リーダーシップを取るべきは、経営幹部であり、経営・業務・ＩＴの三者をまとめ、時には嫌われ者になるような難しい意思決定をするプロジェクトリーダーです。次の第５章では、ＩＴ人材にフォーカスを当てましょう。

※追記
この本の推敲中に、計画の白紙撤回が発表されました。どんなに問題があるプロジェクトでも、立ち止まりにくいのが日本の組織風土の特徴ですから、最高責任者である総理大臣がストップをかけたのは、画期的です。

とはいえオリンピック開催という絶対にずらせない期限がある状況で、ゼロから計画を見直して期限に間に合わせるのは、かなりの難事業です。これを書いている現在、まだ「何がゴールなのか、不明確」という状況は変わらないように見えます。

無事に２０２０年を迎えられるのか、今後も注目したいと思います。

第5章

変革リーダーを組織的に育てる

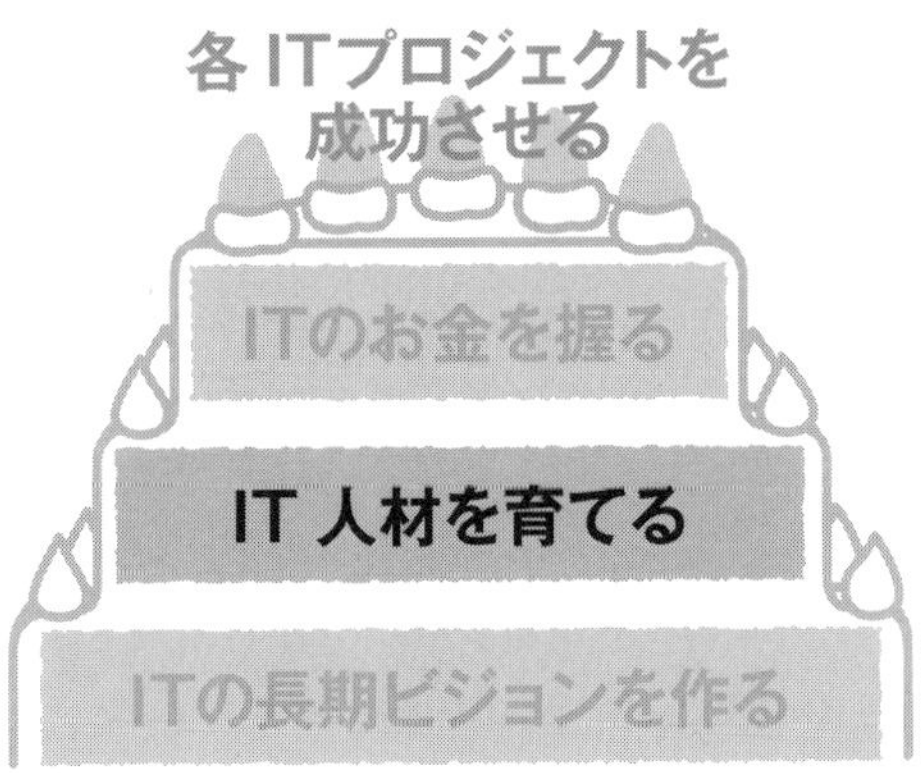

プロジェクトの最大の成果は人材?

大きなITプロジェクトが無事稼動を迎えると、わたしたちは必ず打ち上げパーティーをやり、戦友同士で感謝やねぎらいの気持ちを伝え合います。そうした場で経営幹部の方から、ほぼ必ず言われる言葉があります。「こうしてプロジェクトがうまくいったのは、もちろん我が社にとって重要なことだ。でも、わたしがそれ以上にうれしいのは、ウチの社員たちがこんなに成長したってことだよ。ケンブリッジさん、本当にいままで引っ張ってくれてありがとう」

この言葉をかけてもらうたびに、「経営幹部にとって一番関心があるのは人。自分の部下たちがいかに成長し、仕事を任せられるようになるかなんだ……」ということを思い知らされます。そしてプロジェクトを通じて、そのお手伝いができたことをうれしく思います。

以前、ある大規模プロジェクトでご一緒した方は、その典型例かもしれません。当時、彼は新人研修を終えたばかりで、いきなりプロジェクトに放り込まれました。多分、わたしが「活きのいい、ガッツのある若手社員をプロジェクトに配属してください。ケンブリッジのコンサルタントと同じように育てますから！」と常々言っていたからでしょう。そうして1年ほど、プロジェクトで一緒に働きました。特にその会社独自の業務やＩＴの知識を持ってはいませんから、言葉は悪いですが、単なる一兵卒として何でもやってもらったのです。

プロジェクトがとっくに終わった、5年ほど後のこと。わたしはそのお客さんのところにはもう通っていませんでしたが、お客様感謝パーティーで久しぶりにお会いしました。上司の方に彼の活躍ぶりを聞くと、「いやー、いまウチで一番頼れるプロジェクトリーダーだよ。新しいことをやろうとすると、だいたいあいつに話がいくよね。右も左もわからない時にケンブリッジさんとのプロジェクトで揉まれたからタフだし、新しいことの始め方をわかってる。もちろん、見どころがあるヤツだとは思ってたけどさ」とべた褒めです。聞いているわたしも誇らしく思いました。逆に言えば、頼りになるプロジェクトリーダーを育てるのは、それくらい難しいということです。

経営のスピードはプロジェクトリーダーの数で決まる

第1章で「経営のスピードは一番遅いITに決められている。歯がゆい」という、ある社長さんの言葉を紹介しました。わたしはもう少し踏み込んで**「経営、特に変革のスピードは、ITプロジェクトを任せられるプロジェクトリーダーの数で決まる」**と考えています。これは、経営の視点からITと人材について考える時、非常に重要なテーマになります。皆さんは、ピンとくるでしょうか？

わたしの一番得意な仕事は、変革プロジェクトの計画を立てることです。この時、会社がよくなるための施策を数多く考えますが、第1章でお話ししたように、ITが無関係な施策は多くありません。プラント型ITが、業務に密接に絡みついているからです。そこで、施策を実行するためにITを作り替えるスケジュールを検討するのですが、この時に一番悩ましい制約になるのが、それを任せるプロジェクトリーダー（PL）です。

こういった変革プロジェクトを任せられるPLは、ほとんどの会社で数人しかいませんし、そういう優秀な人はほぼ必ずいくつもの仕事を抱えています。仕事をやりくりしてもらって、なんとかひとり融通してもらえたらいいほうでしょうか。そうだとしても、やりたい施策がいくつもあるのに比べて、PLはひとりだけですから、一歩一歩進めるしかありません。まるでPLの人数が、変革の足かせになっているかのようです。

「経営のスピードは一番遅いITに決められている」という嘆きには、IT構築には時間がかかるという意味もありますが、「そもそもPLがいないので、着手するまでに1年待たされる」という、もっと深刻な事情も含まれています。

IT人材を預かる情報システム部の部長さんは、そのあたりの事情をもちろん熟知しています。わたしがこれまでお会いした方はほぼ例外なく「任せられるPLはうちには6人。ということは、立ち上げられるプロジェクトは年に3つだけ。これがウチの限界」などと、PLの数から、会社全体で取り組める変革プロジェクトの数を逆算しています。そういうマンパワーの最大値を常に考えておかないと、関係部門からの要望を調整するゲートキーパー役が務まらないからです。

つまり、経営幹部が会社の変革に意欲的かどうかとは関係なく、優秀なPLの数という身も蓋もない制約によって、変革のスピードは決まってしまっているのです。

プロジェクトリーダー（PL）とプロジェクトマネージャー（PM）の違い

この章ではPLを中心に議論していますが、プロジェクトマネージャー（PM）という、よく似た言葉も聞いたことがあると思います。PLとPM、ほとんど同じ意味で使われる場合もありますし、両方を兼ねている人もいますが、ここでは別の役割として扱います。PMはその名のとおり管理者、つまり予算や進捗状況を把握し、遅れていたら調整するのが仕事です。しょっちゅうスケジュール表とにらめっこするような姿をイメージしてみてください。

ITプロジェクトの管理はさまざまなスキルが必要な専門職であり、優秀なPMも希少な人材です。ただし、専門職として確立されている分、PLに比べれば社外から連れてきやすいものです。ITベンダーのPMにかなりの部分を任せたり、コンサルティング会社がPMO（プロジェクトマネジメントオフィス）という名称で、PM機能を提供している場合もあります。

一方でPLとは、プロジェクトチームをまとめ、ゴールまで導くリーダーのことです。さまざまな問題を乗り越えながら、狙いどおりのITを予算と納期を守って作り上げ

図21

プロジェクトリーダーとプロジェクトマネージャー

PL プロジェクトリーダー
- 変革をリードする
- 経営・業務・ITの三者をつなぐ
- 人々を巻き込む
- 決断が仕事
- 社外からは連れてこられない

PM プロジェクトマネージャー
- 仕事の進捗や品質をチェックする
- 各種の調整ごと
- ITエンジニアの上司
- 専門スキルが必要
- しばしば、社外から雇う

るのが仕事です。もちろんほとんどのＩＴプロジェクトは業務改革とともにやりますから、業務ルールや役割分担の変更なども同時に取り仕切ります。

ＰＭのようなマネジメントの専門スキルというよりは、変革をやり遂げるためのリーダーシップが求められます。プロジェクトゴールを説き続けたり、会社としての意思決定をしたり、参加するメンバーのモチベーションを上げるような役割が期待されています。もちろん、経営幹部とプロジェクト方針を議論するのも彼の役割となります。

こういった役割なので、スキルさえあればいいＰＭと違い、社外から簡単には連れてこられないのです。

なぜ、プロジェクトリーダーが鍵になるのか？

なぜ、それほどプロジェクトリーダーが経営にとって重要なのでしょうか？　何度か出している、経営・業務・IT部門の関係図を使って考えてみましょう（図22参照）。

ITを作り、運営していくうえで、経営・業務・IT部門の3つの立場からの参加が必須である、という理屈はこれまでの説明でご理解いただけたと思います。うまくプロジェクトに三者が参加することになったら、次の問題は協調の仕方です。

組織の理屈としては、上役である経営幹部が指示を出して業務部門とIT部門を協調させることになっていますが、実際には経営幹部は忙しく、すべてを把握して指示を出しまくるのは現実的ではありません。こうして、せっかく三者がプロジェクトに参加しているのにもかかわらず、それぞれ好き勝手なことを言っていて、仕事を前に進めようとしない構図になります。

例えば、IT部門の方がこんなことを言っているのを聞いたことがあります。「バラバ

図22

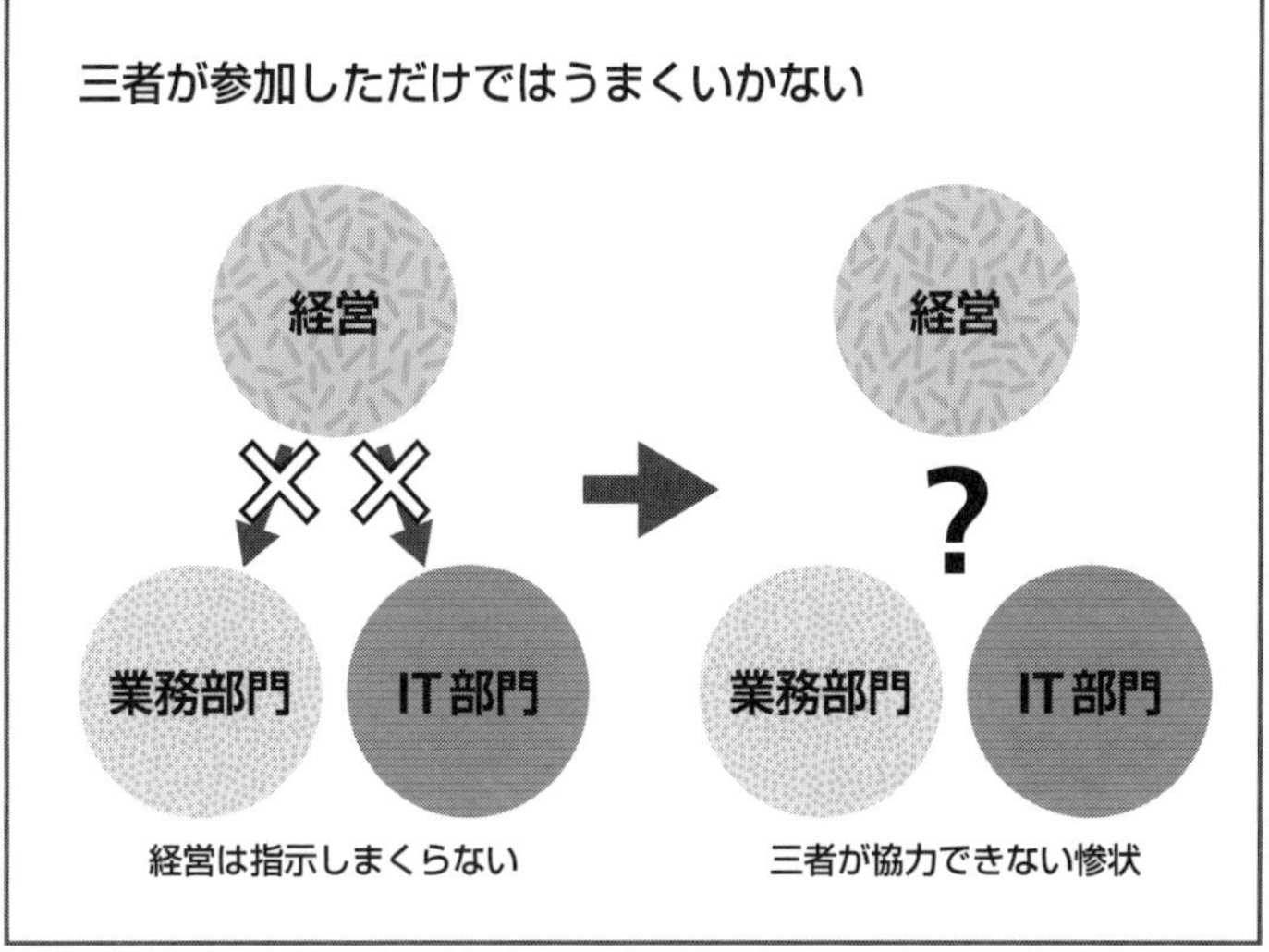

ラなフォーマットを統一しさえすれば、この仕事は自動化できる。もう機能はとっくに作ってある。ウチの会社の業務部門は、そういう標準化の推進なんかが本当に下手なんだよな～」と。その方からすると、「機能を作るのはコッチの仕事。それを使いこなすのは業務部門の仕事。使いこなせないのはアッチの責任」という感覚なのでしょう。逆に業務部門からすると「この機能使えない！」とか「えっ？　自動化できる機能なんてあったの？」という認識です。せっかく作った機能が宝の持ち腐れです。

この状況から脱出するには、誰かが真ん中に立ち、情報をそれぞれから引き出し、問題を整理して、物事がうまく進むように調整しなければなりません。その人こそが、プロジェクトリーダー（PL）です。うまくいっている会社では、彼らが経営や業務とITの間に立って翻訳しています。

どんな人がプロジェクトリーダーになれるのか？

三者の間に立つ仕事は、大変な能力を必要とします。

まず、経営・業務・ITの3つのマインドと知識は、おおよそ備えておきたい。もちろんそれぞれの専門家と同レベルは望めませんが、専門家と会話できる必要はあります。経営幹部とはお金や経営方針の話をし、業務担当者とは在庫管理や会計計上のロジックについて議論し、最新技術の活用についてITエンジニアから意見を聞きます。

そして、三者の違った立場の人々をまとめる力が求められます。カリスマ性というよりは、話を聞き、全社最適の観点から方針を決断し、丁寧に説明して回るようなタイプが向いています。一言で言えば、ファシリテーション型リーダーですね（図23参照）。

図23

三者を協調させるのがPLの仕事

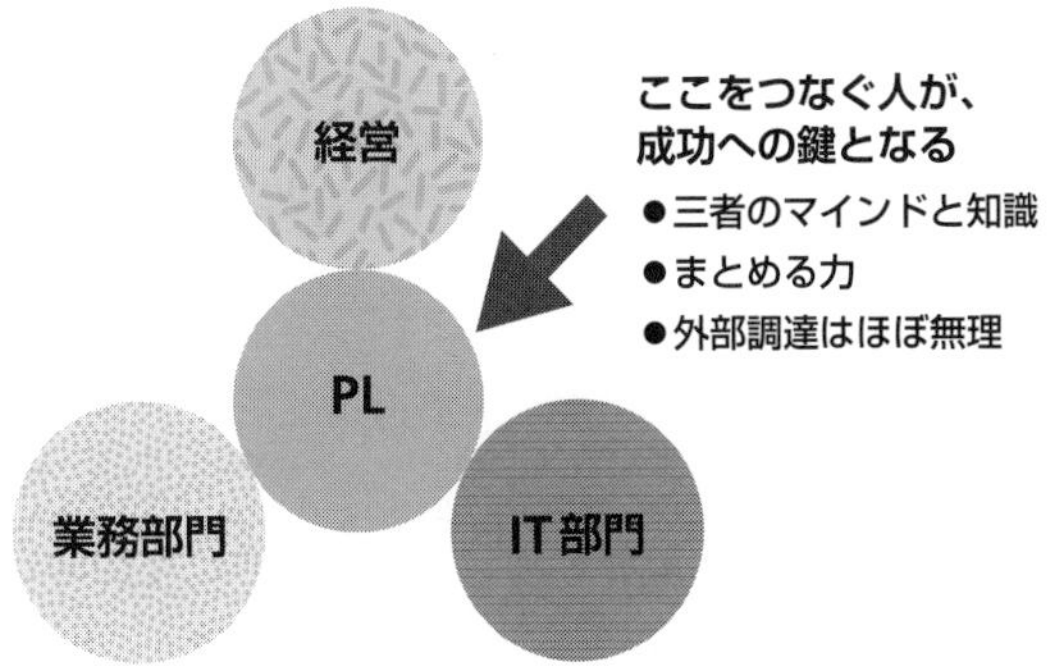

こう書いていくと、そんなスーパーマンいるのか、という気がしてきます。実際にここで書いているようなＰＬが不在で、うまくいっていないプロジェクトは多くあります。もちろん名目上のＰＬはいるのですが、ＩＴ部門の代表に過ぎなかったり、逆に業務部門の利益代表として、ＩＴができるのを口を開けて待っている人だったり。

　これまでわたしが参加したプロジェクトで、お客さん側から真のＰＬが登場したケースも何度かありました。ほとんどは業務部門から参加された、ＩＴの専門家ではない方です。業務部門として達成したいビジョンを明確に持ち、そのためにＩＴが必要なのであれ

図24

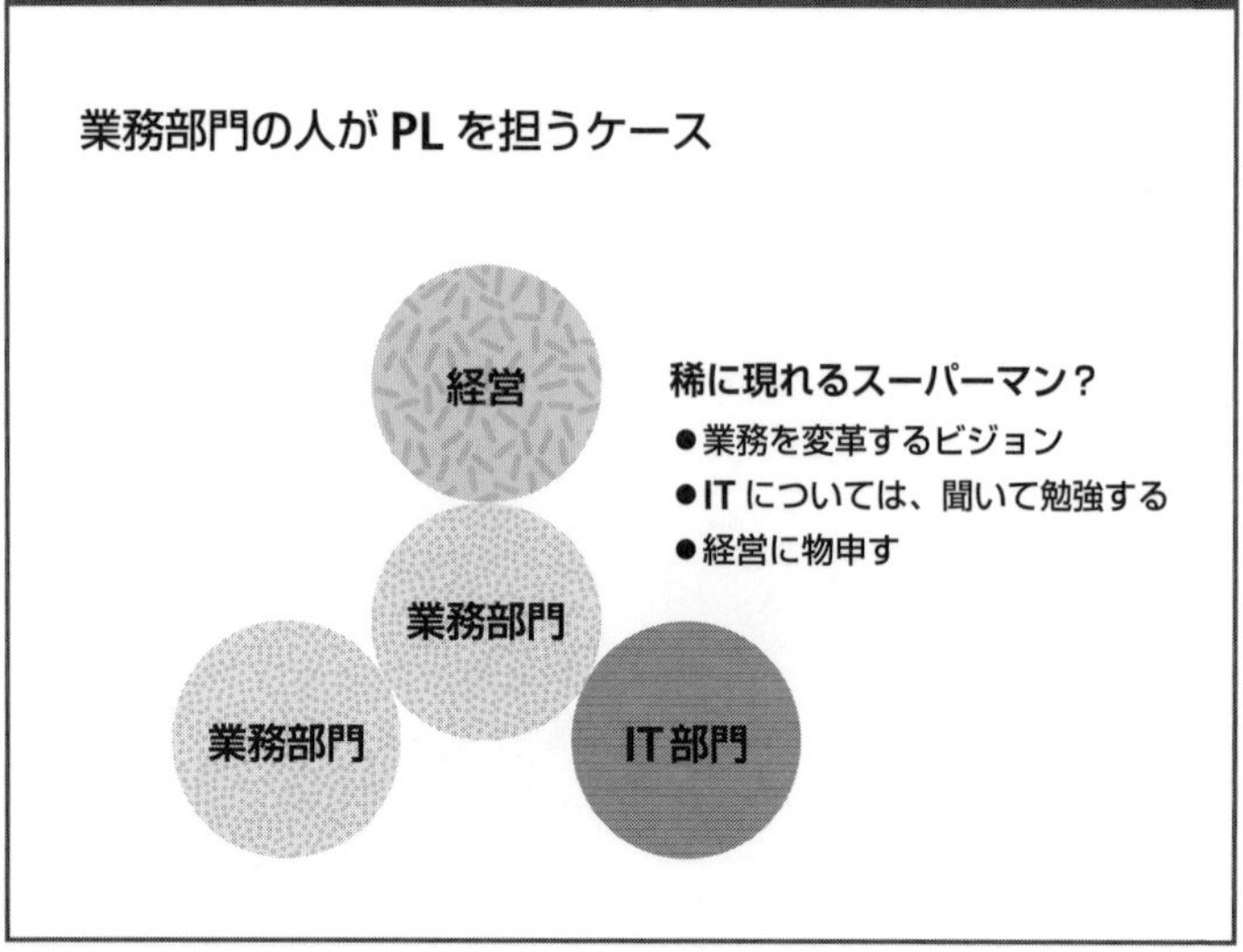

ば、ＩＴエンジニアからどんどん教えてもらうことで補っていました。そうして自分なりに理解し、プロジェクト全体のために、難しい状況でも逃げずに意思決定をしてくださいました。

　こういう方が真ん中に立ったプロジェクトは、例外なく素晴らしい成果を出すことができました（図24参照）。とはいえ、すべての会社、すべてのプロジェクトでそういうスーパーマンが登場するのはちょっと期待できないかな、というのが正直な感想です。このタイプのＰＬの経歴をお聞きすると皆、海外子会社や新規事業などで修羅場をくぐっていました。つまり、無理やりにでもリーダーになるための経験を積ん

図25

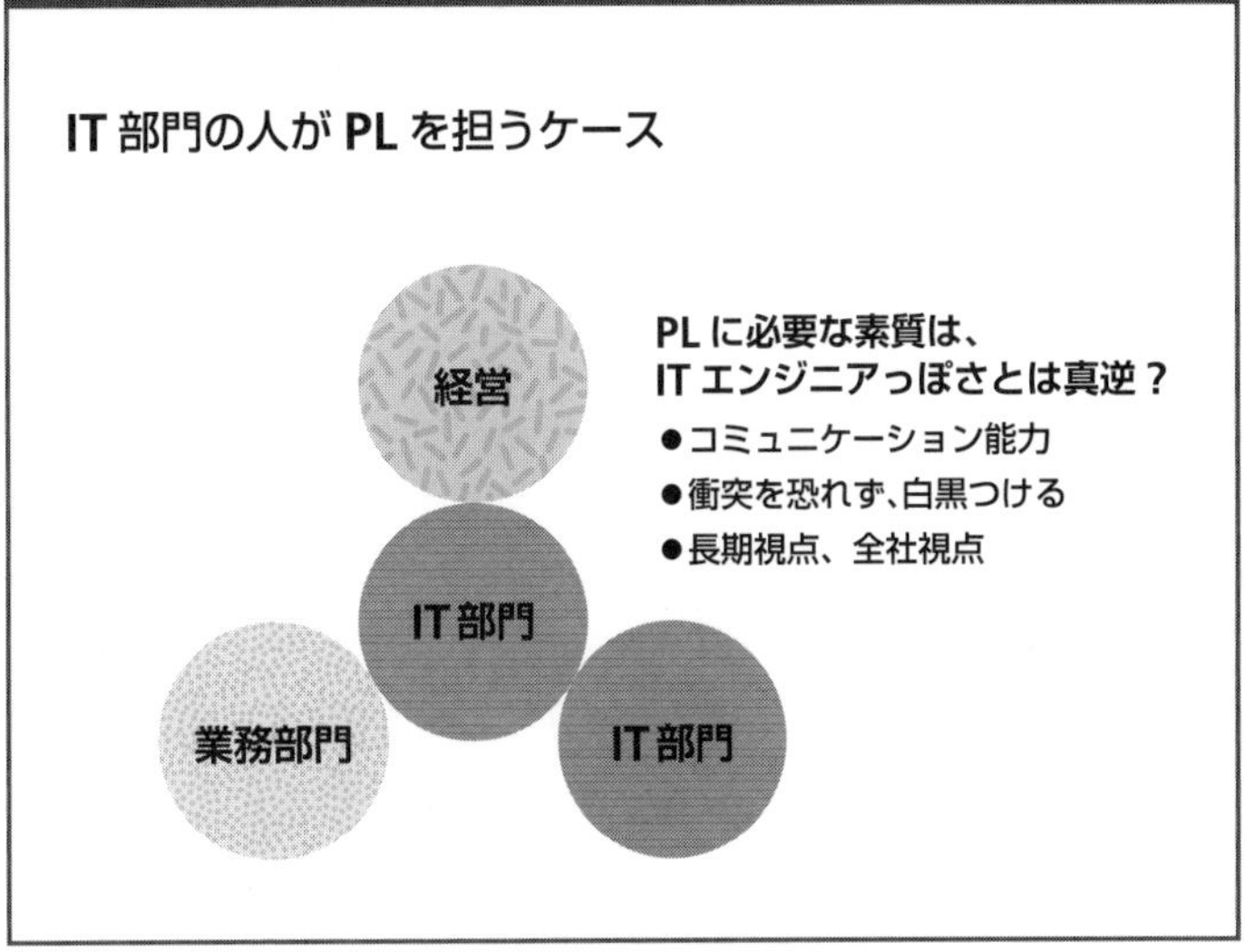

だ、少し特別なキャリアだったからです。他の方に不足しているのは、一言で言うとプロジェクト経験です。不確実で前例のない仕事に取り組むための、リスクを恐れずにゼロベースで考える姿勢と言ってもいいと思います。

では、IT部門からの参加者が真ん中に立つモデルはどうでしょうか？（図25参照）　IT構築プロジェクトですから、本来はプロジェクトのプロでもあるIT部門からPLを出すのが当たり前にも思えます。IT部門という立場上、全社の業務を俯瞰して考える癖がついている人材が多いのも強みです。

ところが、一点問題があります。I

T部門の方は、性格的に真ん中の仕事に不向きな方が多いのです。改めて、優れたITリーダーになるための素質をリストアップすると、

- **目指す姿を言語や絵で表したり、意見を引き出すタイプのコミュニケーション能力**
- **衝突を恐れずに意見を交換し、結論を明確にする姿勢**
- **リスクを見極めたうえで、リスクを背負う胆力**
- **長期視点／全社視点**

といった感じです。こうして見るとITのスペシャリストというよりは、「コミュニケーション力が高い、普通に優秀なビジネスパーソン」に近いと思います。もちろんIT部門にもこういう方はいますし、そういう方はすごく優秀なPLになるのですが、割合は少ないですね。

結論としては、「コミュニケーション力があるIT部門出身者」でも「ITエンジニアから必要なことを吸収するのを厭わない業務部門出身者」でも構わないので、真ん中に立ってプロジェクトを成功させる意気込みを持つ優秀なビジネスパーソンこそが、PLに向いています。経営スピードを上げるためにも、こういう人をどれだけ会社として確保でき

るかが問われているのです。

最近は頼りになるプロジェクトリーダーが育たない？

先日、変革プロジェクトをリードする立場の方10人と、軽井沢で合宿をしました。この本と同じ、経営とITというテーマについて夜遅くまで議論をしたり、各社の取り組みを共有するためです。さまざまなテーマが話題になりましたが、「PLの育成」には当然、皆さん強い関心をお持ちでした。そこで皆さんが口々におっしゃっていたのは、**「近年は特に、優秀なPLが育たなくなっている」**です。

大きな原因は2つ。①ITをゼロから作るようなプロジェクトが減っていて、経験を積む場がない。②ゼロから作るようなプロジェクトがあったとしても、肝心なところを外部のITベンダーに任せることが多く、自社にノウハウが溜まらないし、人も育たない。

要は経験不足です。PLになるような経験を積む場がないので、PLが育たない。PLが育っていないから、いざという時に外部に頼らざるを得ない。そうするとますます育た

図26

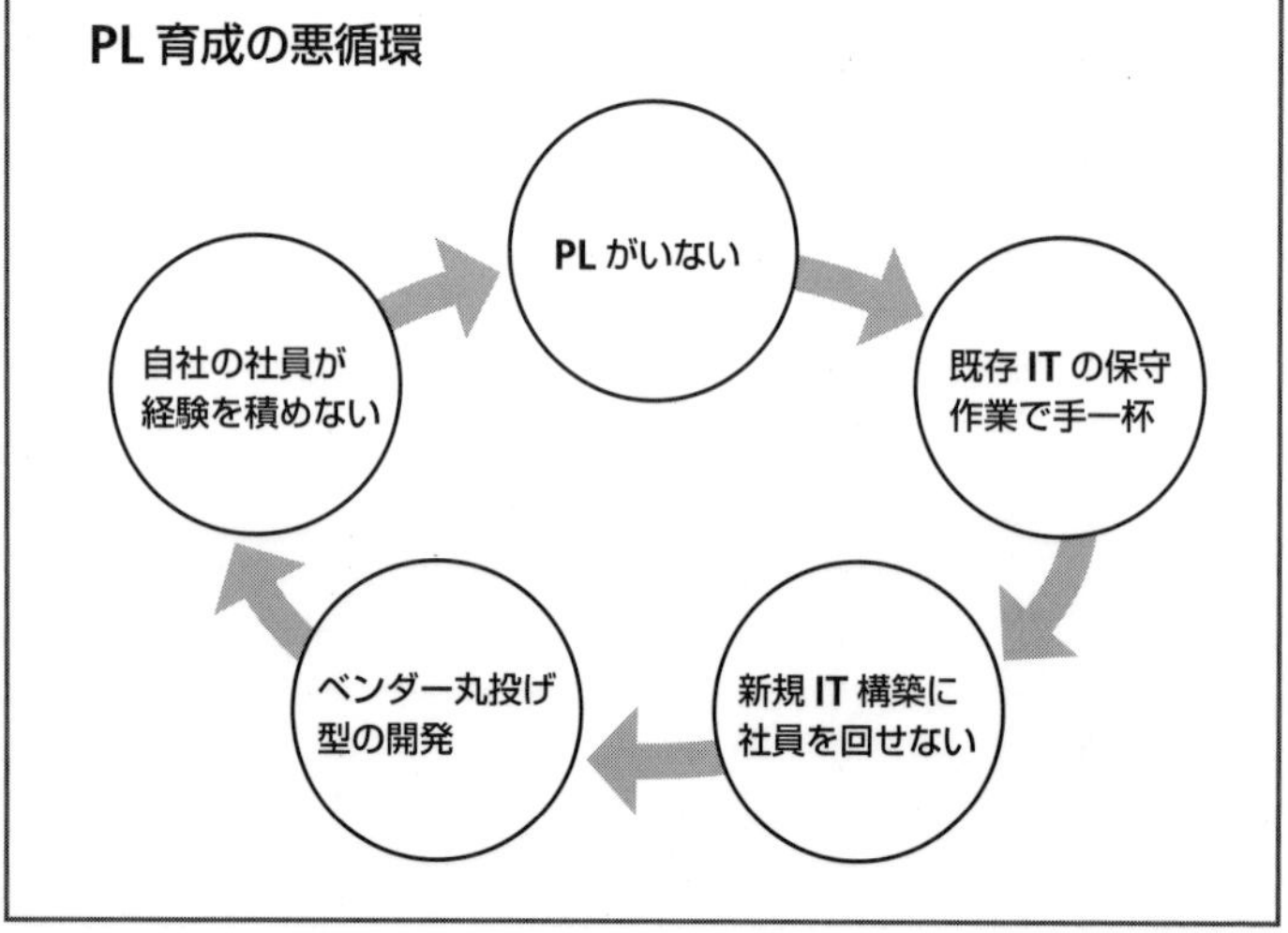
PL 育成の悪循環
PLがいない
既存 IT の保守
作業で手一杯
新規 IT 構築に
社員を回せない
ベンダー丸投げ
型の開発
自社の社員が
経験を積めない

ない。悪循環です（図26参照）。

憂鬱な話はもうひとつあります。この20、30年ほどの間に、ほとんどの大企業ではＩＴ部門を子会社化しました。最初のうちは親会社で採用した社員からＩＴに向いていそうな若手を選び、子会社に出向させていましたが、数年経つとＩＴ子会社のプロパー社員として、ＩＴエンジニアになりたい人を専門職として採用するようになります。

例えば親会社が流通会社の場合、流通というビジネスに興味がある人、適性がある人というよりは、ＩＴに興味がある人、適性がある人が、ＩＴ部門であるＩＴ子会社の大多数を占めるようになります。

これは「最初からITをやりたい人材を集められる」というメリットも大きいのだと思いますが、皮肉なことに、ここで問題にしている「ITを使った変革プロジェクトをリードできるPLを育てる」という面では、かなりマイナスに作用しています。前述の「コミュニケーション力が高い、普通に優秀なビジネスパーソン」の割合がどうしても減ってしまうからです。こうして、ますます企業のIT部門ではプロジェクトのPLが育たなくなっているのです。

◉社外の人間にプロジェクトリーダーは務まらない

PLは育てるのが難しい。だとしたら、外部の専門家にお任せしたらどうでしょうか？つまり、システム・インテグレーターと呼ばれる会社に、IT構築を丸ごとお任せする発想です。システム・インテグレーターにはプロジェクトマネージャー（PM）がいますから、一見、プロジェクトを彼らが仕切ってくれます。

しかし、**システム・インテグレーターのPMはここで論じている、経営・業務・IT部門の真ん中に立つPLとは別物**であることに、注意が必要です。彼らは文字どおり、プロジェクトがきちんと遂行するようにマネジメントするのが仕事であり、当然、自分の会社の利益のために行動します。つまり、より少ない労力で、安くシステムを完成させることに努力を傾けます。これ自体は当然なのですが、問題は、ＩＴを作って欲しい会社自体の経営や業務部門の利益と、それを請け負っている会社の利益がたいてい相反していることです。

例えば、業務を楽にするために凝った機能を作り込めば、それだけシステム・インテグレーターの利益は減ってしまいます。ですから、予め作るものを厳密に文書化し、それを超えるものは追加料金を取るなど、予防線を張りながら仕事をするのです。そこには「この機能を作ることは、発注元の経営の観点から見て正しいのだろうか」という視点はありません。そういう観点を持ったシステム・インテグレーターのＰＭがゼロとは言いませんが、めったにいません。

ビジネス構造が「発注元の利益とシステム・インテグレーターの利益が相反する形」になっていますから、外部から来たＰＭに「三者の真ん中に立って皆をリードしろ」と言っても無理な話なのです。つまり、**本当の意味でのＰＬは、外部からは連れてこられません。**かくして「変革プロジェクトをやりたいが、任せられるＰＬがいないので、すぐにはできない」という状況に陥るのです。

組織的にPLを育てている4社の事例

PLがいかに育ちにくいものなのか、という話にいくつか付き合ってもらいました。こんな話を延々と書いたのは、**「PLの育成はIT部門の仕事だろ」と言っていても始まらない**ことをわかってもらいたかったからです。もちろんCIO（IT担当役員）や情報システム部長には責任がありますが、そもそも彼ら自身の部下はあまりPLに向かない人材であることが多く、育成に潤沢なコストをかけられない状況では、PL育成は「わかっているけど、正直、手が回らない仕事」という会社が多いのが現実です。経営幹部はもちろん、業務担当者の立場からも本腰を入れて考えるべき、難しいテーマ、そして取り組めば見返りが大きなテーマなのです。

現場任せではなく、会社としてPL育成に取り組んでいる会社をいくつか紹介しましょう。

◉育成事例1：精密機械メーカーA社

PLはIT部門にいる社員から育てる方針だと、精密機械メーカーA社のCIOにお話を伺った時に言い切っていました。先に述べたように、ITエンジニアが必ずしも優秀なPLになれるわけではありません。彼らは、それを①選抜と②海外武者修行の2つで解決しようとしています。

まず、いまあるITをコツコツと維持していくような、地味だが重要な仕事を任せる人材と、新しい業務とITを作っていく人材（本書でいうPL人材）とに選別してしまいます。そうして後者は若いうちから海外の現地法人のIT部門長に放り出します。海外で外国人社員に揉まれてなんとか現地法人のITを面倒見る経験は、本人にとってはしんどいものでしょうが、経営や業務部門とダイレクトに会話し、真ん中に立って調整するような経験を積めます。

いわば、これはと見込んだ社員たちに積極的に修羅場を経験させ、ひと皮もふた皮も剥くことで強制的にPLを育てる作戦です。中には脱落してしまう人もいるようですが、生き残って優秀なPL、さらにはCIO候補になる人材が何人も残る仕掛けです。

◉育成事例2：イトーキ

オフィスの事務機器や内装の会社であるイトーキでは、「ＢＰＲ（Business Process Re-Engineering）推進部」という、三者の真ん中を担う部署を作っています。この部署には営業やＩＴや事務など、社内のさまざまな部署から人が集められています。そして変革プロジェクトに必要とあれば、元営業であってもＩＴを企画しますし、元ＩＴであっても事務処理の将来像を描きます。そして変革プロジェクトの必要性を経営陣に対して訴えるのも重要なミッションとなります。

この部署に配属されるということは、これまでのキャリアにかかわらず、三者の真ん中に強制的に立たされることを意味するのです。本人にとっては気苦労も多いようですが、いろいろな立場からＩＴや業務について学ぶことのできる、いい修行の場でしょう。

◉育成事例３：サービス業Ｂ社

もう10年以上も前になりますが、Ｂ社情報システム部でＷｅｂサイトの構築をする際は、わたしたちケンブリッジ・テクノロジー・パートナーズとペアでプロジェクトを組むのが習慣のようになっていました。当時は、インターネットを使ったＩＴ構築が企業で本格化し始めた矢先。アメリカ本社でインターネットの仕事を多く手がけていたわたしたちの会社と一緒にプロジェクトをやることで、さまざまなノウハウを吸収しようという作戦です。

情報システム部門はどの会社でも「既存ITを保守する仕事が多く、最新技術にキャッチアップする機会を作りにくい」という悩みを抱えています。そのためB社では自分たちにないノウハウを学べると見込んだプロジェクトに限って、わたしたちの会社をうまく活用していたわけです。

特にWebサイト構築に特有な、ニーズの引き出し方やユーザビリティ（顧客にとっての使い勝手）の作り方、Webサイトにおける売上げと投資効果の考え方などは、それまでのITプロジェクトとはかなり勝手が違いました。こういった、新しいタイプの仕事をPLとしてリードするノウハウは、10年経ったいまでもB社のスタンダードになっています。

◉育成事例4：ケンブリッジ・テクノロジー・パートナーズ

「経営・業務・IT部門の真ん中に立つPLは社外から連れてこられない」と書きましたが、実はわたしたちのようなITコンサルタントはこの真ん中に立つのが仕事です。PLはその会社から出てもらう必要がありますが、プロジェクトの難易度が高くひとりでは荷が重い場合などに、一緒に真ん中のポジションに立ってPLを支えるのがITコンサルタントです（図27参照）。ある意味、隙間産業と言ってもいいかもしれません。

ではコンサルティング会社は、真ん中の役割を専門とするコンサルタントをどのように

図27

コンサルタントの立ち位置

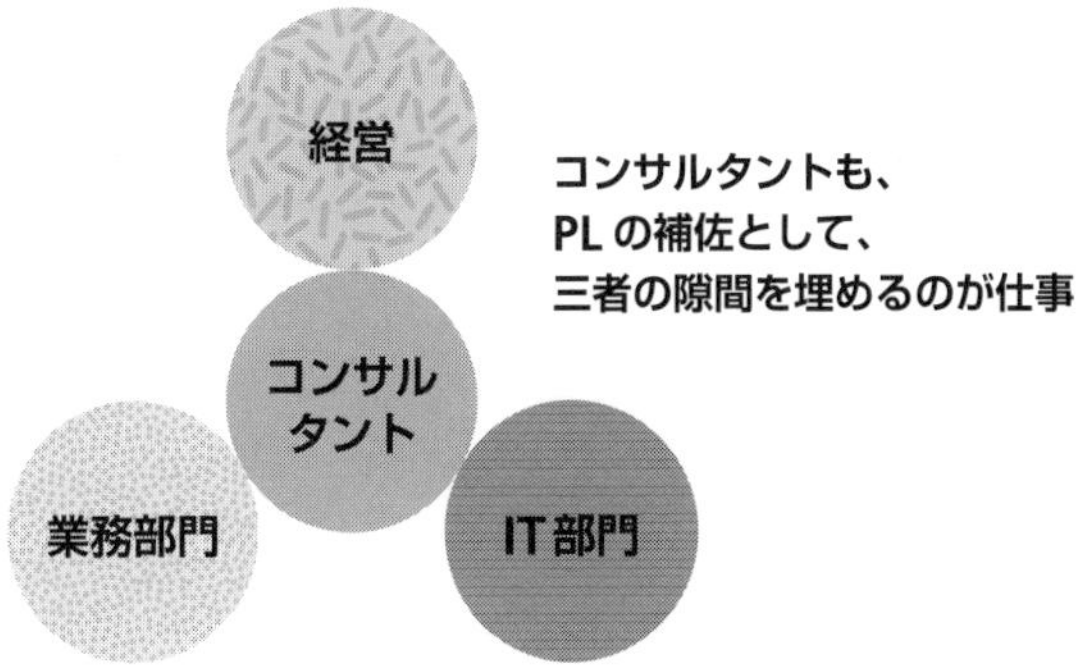

して育てているのでしょうか。まず採用の段階では、「ＩＴの知識関心は問わず、普通に優秀な人材」を選抜します。普通に優秀というのは、よく言われる地《じ》頭《あたま》のよさはもちろん、コミュニケーション力やリーダーシップ、知的好奇心など、どこの会社でも欲しがるような人材です。

　普通の会社と違うとすれば採用基準ではなく、育成方針の方でしょう。わたしたちケンブリッジでは、ＰＬを育成するためにさまざまな仕掛けを作っています。それを細かく書いていくとそれだけで本１冊分になってしまうので、ここではひとつだけ紹介しましょう。わたしたちは**「ひとつの仕事を2**

年以上続けてはならない」という、通称「2年ルール」を設けています。

実はこれはビジネス上、不合理なルールと言えます。コンサルティングはサービス業ですから、お客さんのことをよく知り、信頼され、価値を認めていただいてナンボです。当然、「この人にずっといて欲しい」というリクエストもしょっちゅういただきます。2年ルールはこういうビジネス特性に反しているのです。

それにもかかわらず社員をローテーションさせてもらうわけですから、抜ける人と後任者を月単位で一緒に働かせ、お代はいただかないといったやり方で、配慮とコスト負担をせざるを得ません。なぜこんな、一見不合理なルールがあるのか。それは、PLを担える優秀なコンサルタントを**育成するうえで、ひとつのお客さんのところで長く働くデメリットが大きすぎる**からです。

まず、ひとつの仕事だけを長く続けていると、その業務特有の考え方や特定の人々の考え方が「常識／パラダイム」として染み付いてしまいます。経理には経理の論理があるし、営業には営業の優先順位がある。それ自体は当然ですが、ビジネスの判断基準にはそれひとつしかない、と思ってしまう事態は避けなければなりません。これは、経営・業務・IT部門の真ん中に立つリーダーとしては致命傷です。

もうひとつ問題なのは、「新しいことへのチャレンジの仕方」を忘れてしまうことです。

ずっと営業ばかりやっていたら、まったく新しい業務を覚え、自分なりのやり方を確立するプロセス自体を体験できません。プロジェクトは誰もやったことがないことに、寄せ集めメンバーで取り組む仕事ですから、こういう「新しい状況に馴染み、すぐに貢献する訓練」は欠かせません。

こういった理由から、わたしたちの会社では最長2年で仕事を強制ローテーションしています。お客さんに迷惑をかけないようにコストも手間もかかりますし、お客さんが不満に思うリスクもゼロにはできません。それでもやっているのは、真ん中に立てる人材を育てるのが、わたしたちがご飯を食べていくための唯一の手段だからです。他に方法がないからです。

では、コンサルティング会社ではない、普通の会社ではできないのでしょうか？　わたしはこの話を多くの方にお話ししてきましたが「ウチもやっている」「すぐに始める」という会社は稀です。

入社以来10年間同じシステムの保守ばかりやっていたら、新しいことに取り組むのが得意な人材が育たないなんて、皆さん言われなくてもわかっています。それでも「この社員を抜いたら、この仕事は回らないので……」と、躊躇してしまうのです。**短期的な仕事のやりくりではなく、長期的な人材育成を優先させる、会社レベルの決断が必要**な時が来ています。現にいま、ＰＬが不足して困っているのですから……。

以上、ＰＬ育成を本気でやっている４社の例を見てきましたが、共通しているのは**「変革プロジェクトを担えるＰＬを、全社を挙げて育てる姿勢」**です。決して「ＩＴなんだから、情報システム部長が育てるべきだ」ということではないのです。プラント型ＩＴを作っていく人材、つまりＰＬを育てるために、部門を越えた異動でキャリアを作らせたり、短期的には多少非効率なことをやっています。

ＰＬはプロジェクトで育てよ

これまでＰＬ育成について書いてきたことは、「成長せざるを得ない環境を整えれば、ポテンシャルがあるヤツは勝手にＰＬになる」という、やや乱暴なモデルにもとづいています。これはこれで真理なのですが、もう少し肥料や水をあげて育てるような方法はないでしょうか。

この章の冒頭に「プロジェクトが終わると、経営幹部から社員の成長を感謝される」というエピソードを書きました。この話には続きがあります。たいていは「この調子で、もっとウチの社員を育ててくれ」という依頼を受けるのです。わたしたちの回答は決まっています。「座学だけでPLは育てられません。一緒にプロジェクトをやりながらであれば、お任せください」

いわば、究極のOJTです。わたしたちは**「育つプロジェクト」**と呼んでいます。本来プロジェクトはコンサルタントなど雇わずにやるのが理想ですが、それだと前に書いた悪循環にハマり込んでしまうので、大事なところだけコンサルタントを頼りにして、ノウハウを盗みつくすことで依存しないようにする、という作戦です。わたしたち以外のコンサルタントや社内のベテランからも、同じ方法で技を盗めると思いますので、「育つプロジェクト」のコツを紹介しましょう。

◉コツ1：本物のプロジェクト

いくら育成を主目的にしているからといっても、研修室の中で「育成のためにでっち上げた、なんちゃってプロジェクト」をやるだけでは、本当の学びの場にはなりません。通常は、

①自分たちの業務を20％改善する施策を作り、経営陣からGOサインを得る
②ケンブリッジから盗めるものを盗み、自分の組織に浸透させる

などのように2つのゴールを示し、二兎を追うぞ！　とキックオフで明言します。

◉コツ2：最初にお手本を見せる

プロジェクトのやり方、企画の立て方、ファシリテーションなど、なにごとも正しいお手本がないと、「学ばなきゃマズい」というマインドが駆動しません。プロジェクトの最初でわたしたちコンサルタントが圧倒的に高い品質の仕事をし、見せる必要があります。

◉コツ3：ペア・ワーク

多くのコンサルティング会社は常駐型ではなく、週に何回かの打ち合わせのために通ってくるスタイルですが、わたしたちはお客さんの隣の席に常駐します。仕事の分担もお客さんとわたしたちとで線を引かず、むしろ積極的にお客さん1名コンサルタント1名でペアを組み、ペアごとにひとつの仕事に取り組みます。こうして協力することでお客さんの社内情報とコンサルタントのノウハウを濃密に交換し、仕事の品質を上げることと、学び

を両立させるのです。

◉コツ4：真似して、フィードバックをもらう

自分たちのプロジェクトですから、お手本を見る場以外はすべて自分たちで手を動かします。企画書を書く、将来の業務フローを検討する、システム機能をリストアップする。学びたい技術を予めリストアップしておき、一つひとつ経験できる場を用意します（図28参照）。

いざ自分たちでやってみると、お手本のようにうまくはいきません。そのタイミングでコンサルタントから「バッチリできているところはどこか。どうすればもっとうまくできるのか。次回は何に気をつけるべきか」などをアドバイスします。

◉コツ5：座学で種明かし

ここまでやって、ようやくトレーニングを受けてもらいます。会社で行なわれるトレーニングは退屈で役に立たないことが多いのですが、ほとんどの原因は学ぶモチベーションがないためです。「育つプロジェクト」の場合はお手本を見たり、自分でやってみた後なので、食いつきが全然違います。「実はプロジェクトを円滑に進めるために、コンサルタ

図28

自らチャレンジし、客観評価される

ントはこんなことをやっていた。実際有効だったでしょ？」といった具合です。

このような地ならしをした後なので、受講した感想も「何気なくやっているノウハウ裏には、こんな体系化されたノウハウがあったんですね！」といった、驚きの声がほとんどです。また、プロジェクトでまさにいま必要なノウハウをその場で供給するのも、学ぶモチベーションを高める工夫になっています。

◉コツ6：毎週の振り返り

週に1回は必ず、「今週学んだこと、チャレンジしたこと、うまくいかなかったこと、プロジェクト外でも活かせ

図29

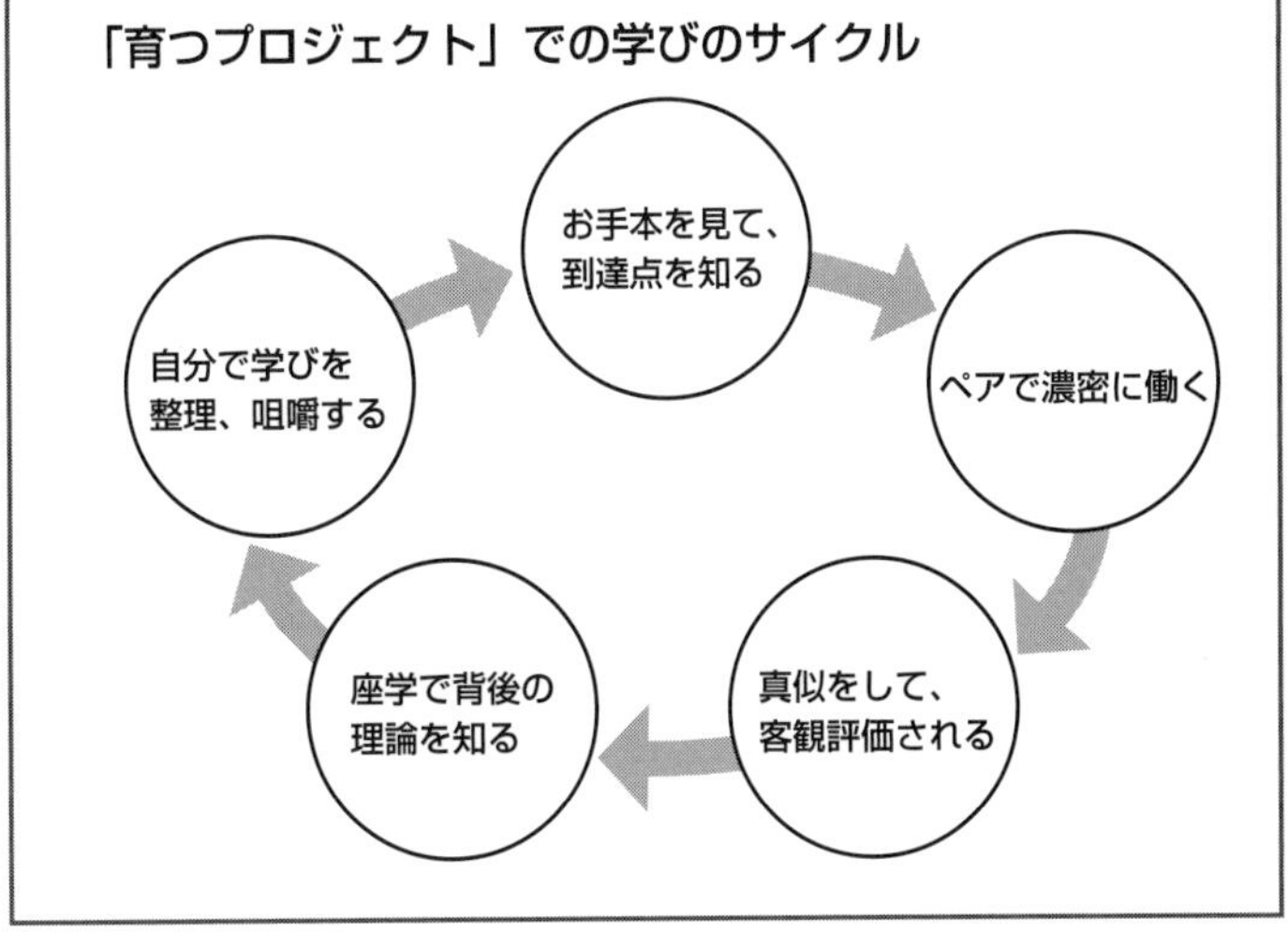

ること」などを文章にし、メールで交換します。漫然とプロジェクトを過ごすのではなく、言語化し、自ら振り返ることでノウハウの定着を測ります。それに対して、ともに仕事をしているコンサルタントから示唆やアドバイスをもらいます。

このようにして、お手本↓体験↓座学↓振り返りのサイクルを短い単位でグルグル回します（図29参照）。プロジェクトの進捗とともに、必要なノウハウは変わっていきますので、プロジェクトが無事終了する頃には、ひととおりのノウハウを学び、身についているという仕掛けです。もちろん、ノウハウには分析フォーマットのような方法論だけでなく、ワークスタイルやカルチャー、経営・業務・ＩＴ部門それぞれの立場に沿ったコミュニケーションなども含まれます。このようにして優秀なＰＬへの道を踏み出すのです。

経営幹部だけができる5つのこと

ここまで、装置としてのＩＴを支える最重要人材であるＰＬの育成について考えてきました。人を育てる仕事である以上、最後は現場任せにならざるを得ないのですが、経営幹部として「育成の場を整える」ことは極めて重要です。そして、多くの会社できちんとできていないことです。改めて、経営幹部だからこそできることをまとめてみましょう。

◉できること1：ＰＬを自社で育てる決意

まずは、多少コストをかけてでも、ＰＬを自社で育てる覚悟を保つ必要があります。ここがブレると、現場も時間をかけてＰＬを育てられなくなります。

◉できること2：ノンーTのエース人材をーTプロジェクトに

PLに求められる資質を改めて考えると、ITエンジニアを目指して入社してきた人よりは「その会社の普通に優秀な若者」がPLに向いています。だとしたら、営業でも生産管理でもいいので、**ITではない部門で頭角を現しつつある若者をITプロジェクトに投入**し、適正を見極めるべきです。そこで彼／彼女はエンジニアの真似事をする必要はありません。経営・業務・IT部門をつなぐPL見習い的な仕事はいくらでもありますから。

◉できること3：頻繁なローテーション

これはと思ったITエンジニアをPLに育てようと思うなら、どこかの領域に塩漬けにするのではなく、2、3年で新しい仕事にローテーションさせるべきです。できれば保守ではなく、新たにITを構築する仕事で、プロジェクトの立ち上げ方を学ばせたいものです。

◉できること4：時にはコストよりも内製を重視する

アメリカに比べ、日本にはシステム・インテグレーターと言われるITの構築を請け負う会社がとても多くあります。それは、「十分なスキルを持った人がいない」「外部に発注したほうが安くあがる」「確実に投資額を約束してくれる」などの理由で、社内でITを作るよりも、外部に仕事を丸投げしたほうが（短期的には）合理的な局面が多くあるからです。

ですが「PL育成の悪循環」として説明したように、外部に依存しすぎると社内でPL人材を育てにくくなります。リスクやコストをかけてでも内部でITを構築することは続けなければなりません。それをしないと、プラント型ITを維持・更新し、ITについてのビジョンを考えられる人材が社内にひとりもいない、という状態になります。実際にそうなってしまっている会社も数多くあります。

それは大げさではなく、事業の存続が危ぶまれる状況なのです。コストダウンの号令をかけるだけでなく、短期的なリスク・コストよりも長期的な組織力の向上を優先する、こういう方針は経営幹部だけが掲げられます。

◉できること5：コンサルタントから盗ませる

PL不足を筆頭に、社内に装置としてのITを維持運営していく能力が現時点でないのであれば、ある程度は外部に頼らざるを得ません。その時にシステム・インテグレーターに丸投げするのは、長期的には問題を深刻にするだけです。必ずノウハウを盗む仕掛けを組み込んだ形のプロジェクトにコーディネートしましょう。

いずれも、ＰＬ育成という本質的に難しい仕事に取り組むために、現場任せではなく、経営幹部が関心を持ち、本腰を入れる必要があります。なぜ、ここまでしなければならないのか。それは装置としてのＩＴを構築・維持する仕事が、企業にとって「コア業務」のひとつだからです。やらなければ競争力が弱まり、最悪の場合は事業継続が危うくなるような、逃げられない仕事なのです。

COLUMN

なぜ、コンサルティング会社がお客さんを育成するのか？

「ＰＬはプロジェクトで育てよ」のパートで紹介したように、わたしたちの会社ではプロジェクトをやりながらお客さんのプロジェクトリーダーを育てる取り組みを続けています。

実は、コンサルティング会社としてこれは矛盾した戦略です。なぜなら、わたしたちコンサルタントが飯を食えるのは、お客さんの社内にプロジェクトリーダーが豊富にいないから、という事情もあるからです。

狙いどおりプロジェクトリーダーが育てば、高いお金を払ってわたしたちコンサルタントを雇う必要がなくなります。実際に、わたしたちといくつかの変革プロジェクトを成功させた後、その時に経験を積んだ方が先頭に立ち、わたしたちに頼らずに次のプロジェクトを進めている会社もあります。

それを承知で自分たちの食い扶持を減らすようなことをやるのは、コンサルティング会社を使って不幸になるケースを減らしたい、という思いがあるからです。

◉コンサルティング会社を使って後悔するパターン

雇ったコンサルタントがそもそも口ばっかりの無能だった、という論外のケースを除くと、コンサルタントを雇って不幸になるのは主に2つのパターンがあります。

①コンサルタントが立てた戦略・施策を自社で実行し切れない

②コンサルタントが去った後、自社に何も残らなかった

自社で施策を実行できない原因としては、「施策が最初から実行不可能な、絵に描いた餅だった」「施策だけ立てて、コンサルタントがいなくなってしまった（または雇い続けるお金がなかった）」「コンサルタントに任せきりで、その施策をやり切ることに本腰を入れていなかった」などがあります。いずれにせよ、自分の会社でその施策をやり切る、意欲と能力に欠けているのです。

また、2つ目のパターンは、苦労して施策を実施したとしても、プロジェクトを通じて勉強したのはコンサルタントばかり、自社の社員はあまり学んでいないという状況です。コンサルタントはいずれいなくなりますから、後には有形無形の財産が何も残らないのです。

いずれのパターンも、コンサルタントという外部の人間に変革プロジェクトを任せる際、頻繁に起こる構造的な弊害です。しかし、わたしたちはこの問題を見過ごすべきではないと考えています。

◉コンサルタントのアンチテーゼとしての「育つプロジェクト」

先述の問題意識を抱えながらコンサルティングを続け、徐々にできあがったのが**「プロジェクトをともに戦うお客さんメンバーに成長してもらい、施策をやり切る際の最重要戦力になってもらおう。**そうすることで、わたしたちが去った後も、その会社で変革が継続できるなら、かっこいいじゃないか」というスタイルです。

このスタイルは、この章の冒頭で紹介したように、お客さんの役員さんたちから、社員の育成を明示的に頼まれた結果でもあります。さらに遡ると、（コンサルタントを潤沢に雇えないような）少ない予算でも変革プロジェクトをやり遂げるための苦肉の策でもありました。お客さんの社員がプロジェクトリーダーとして順調に育つと、確かにわたしたちを雇う必要がなくなることもあります。コンサルティング会社のビジネスモデルはリピートオーダーが命ですから、これは本来避けたい事態です。

しかし「大きなプロジェクトを任せられるような社員を育てたい」というのは、経営者に共通した願いですから、大きなセールスポイントになります。さらに、わたしたちに頼らずに変革プロジェクトをやれるようになった会社とは、仕事上のご縁が切れても最高のパートナーであり続けられます。個人的にもうれしいことですし、別のお客さんを紹介いただくなど、ビジネスとしても十分お釣りがくるのです。

何より、「自分たちの手で変革プロジェクトを実行できる会社に脱皮してもらう」というのは、コンサルタントとして最高のチャレンジですから、損得を超えてやる価値があると信じています。

第6章

結局、我が社のITはどこを目指すのか

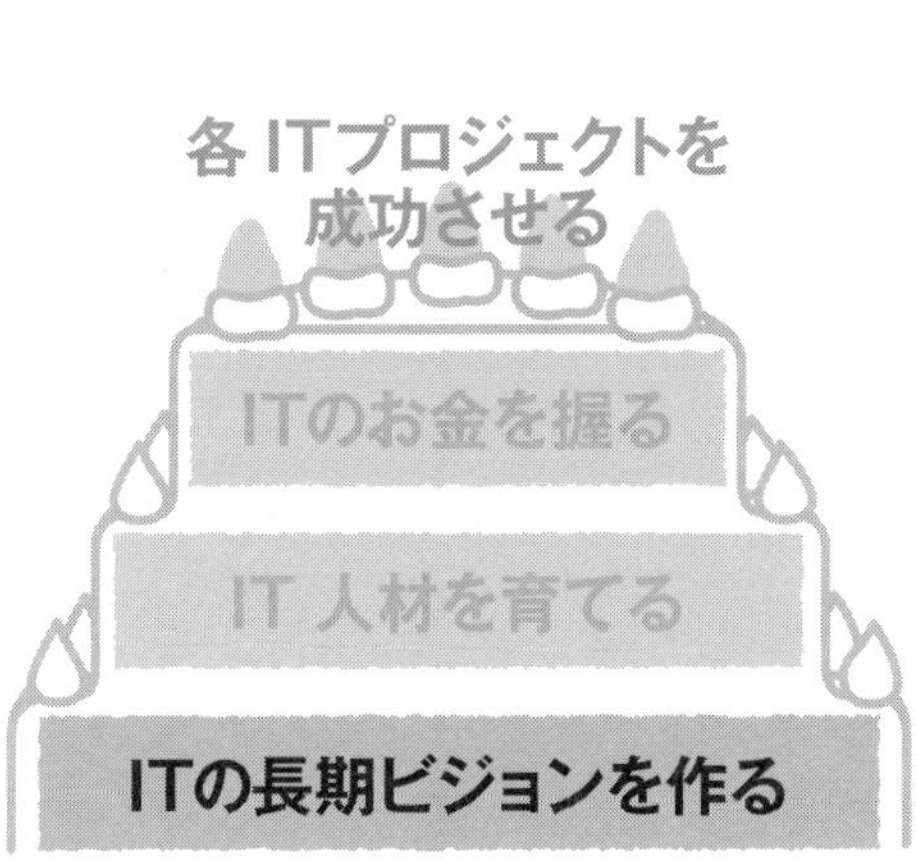

ITで勝負する？　他で勝負する？

事例をベースに、よいITビジョンについて考えるのがこの章の目的ですが、1回歩みを止めて、考えてみたい問いがあります。それは「あなたの会社は、本当にプラント型ITで勝負するのか？」という「ITビジョン以前の全社戦略」についてです。

「会社にとってプラント型ITは重要だから、IT部門以外も積極的に関わらざるを得ない」と、これまで強調してきました。とはいえ、すべての産業、すべての会社にとって「同じくらい重要」というわけではもちろんありません。例えば、わたしたちコンサルティング会社が一番極端な例で、プラント型ITをまったく持っていません。人にノウハウが蓄積され、人がお客さんにサービスを届けます。使うITといえば、パソコンやどこの会社にでもある交通費精算システムくらいのもの。ツール型ITしか使わない、稀な業態です。

金融業（プラント型ITをもっとも重視）とコンサルティング会社（もっとも重視しない）の数直線上のどこかに、あなたの会社も位置することでしょう。それがどのあたりなのか。

図30

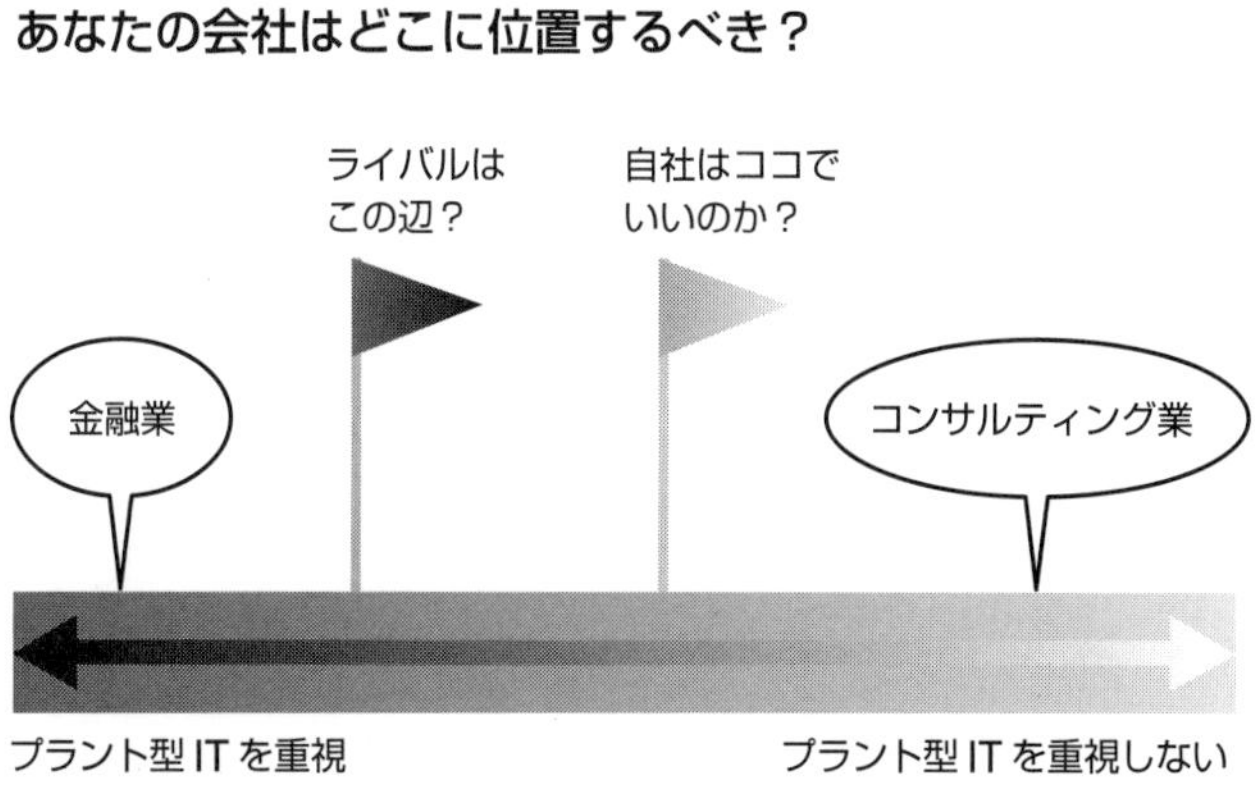

そしてライバル企業に比べて、どれくらいＩＴに力を入れるべきでしょうか？（図30参照）　これは難しい問いです。

そもそも、ライバル企業がＩＴにどれくらい力を入れているかの実態はなかなかつかめません。「〇〇システムを稼動させました！」とプレスリリースがあったからといって、プラント型ＩＴが全体として優れているとは限りません。外から見極めるのは難しいのです。わたしたちはコンサルタントとして「ライバルのＡ社さんともお付き合いがあるみたいですが、どうでしょう？」と聞かれることがありますが、もちろん守秘義務があるので答えられ

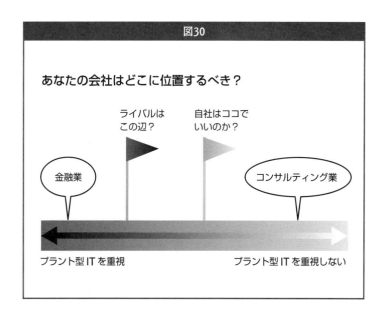

ません。

例えば「ウチはあまりITでは勝負しない。自信ないし」と決めるのも、ひとつの道ではあります。ただし、その場合は「ではITにお金や人を投資しない代わりに、どこにそれを投入し、どういう勝負に持ち込み、どう勝つのか？」というストーリーが見えている必要があります。

一般論で言うと、「プラント型ITに手を抜いて、別のところでライバルに勝つ」という道は、かなり茨の道と言えるでしょう。ちょっとサッカーに例えて考えてみましょう。

サッカーには、「長いパスを放り込んで、背の高いFWのヘディングで勝負する」「守備に引きこもり、ボールを奪った後のカウンターアタックにかける」など、さまざまな戦術があります。一概にどの戦術が優れているというわけではありません。そのチームの相対的な力量や、相手チームとの相性、在籍選手の特徴などに応じて適切な戦術は変わってくるでしょう。

さて、「プラント型ITに手を抜いて、別のところでライバルに勝つ」という作戦をサッカーに例えようとすると、それは前記2つのどちらにも当てはまりません。そうではなく「練習での走り込みをサボっていてお腹に肉は付いているけれども、なんとかして勝つ方法を探そう」という状況なのです。この本の最初のほうで「プラント型ITは、企業にとっての血管のようなものだ」という比喩を使いました。血管が詰まった状態は、企業で言えば情報が体の隅々に行きわたらない、脳梗塞みたいな体調です。これでサッカーの試合に勝つのはかなり難しいと思いませんか？

身長2メートルのＦＷがいなくても、特別な戦術を採用していなくても、体力づくりのためにきっちりと走り込みをしているサッカーチームは強いものです。それを同じように、日頃からプラント型ＩＴを整えることは、それを怠っているライバル企業に対して、はっきりとした競争優位を作ることができるのです。

なぜ、ＩＴビジョンが必要なのか？

優れた企業を作り上げるためには、明確なビジョンが必要だとよく言われます。例えば、戦争直後にソニーが創立された際は「真面目なる技術者の技能を、最高度に発揮せしむべき自由闊達にして愉快なる理想工場の建設」が設立目的の第一に掲げられました（「東京通信工業株式会社設立趣意書」より）。よくある顧客第一主義などではなく、まずは技術者が思い切り力を発揮できる会社を目指すと宣言したのです。このビジョンに表れているなんとも潔い社風が、ソニーの繁栄をもたらしたのは間違いないでしょう。

素晴らしい会社を作るためにビジョンが重要なのと同様に、優れたプラント型ＩＴを育て、維持していくためにもビジョンが必要です。なぜ必要なのかを考えるために、まずＩＴビジョンがないために多くの会社で起きていることを見てみましょう。

◉ビジョンがないと、施策の優先順位を付けられない

ＩＴ部門には日々、ユーザーである業務部門から改善依頼が寄せられます。法制度が変わって必ずやらなければいけない改修もあれば、業務効率を上げるための改善もあるでしょう。たいていは年間予算が予め決められていますから、その中でやりくりします。ところが、ゲートキーパーとなるＩＴ部門の立場では、①Ａ部門からの要望、②Ｂ部門からの要望、③どちらも実施せずにコストダウンに貢献する、の３つの選択肢から、経営観点でひとつを選びとるのは至難の業です。結局は「うるさく言ってくるユーザーの仕事を優先する」という、経営の意思とはなんの関係もない決定が下されます。

こういった事態は、「この優先順位でＩＴ投資を選択する」という基準を全社で合意できていないことが原因です。つまり優れた意思決定には「我が社はこういうＩＴを目指す

のだ」という将来像が必要なのです。

◉ビジョンがないと、努力の方向がわからない

このような短期的な施策選択とは別に、ＩＴ部門としてどのような方向を目指すのか、それに向けてどう努力すればいいのかわからない問題も深刻です。例えば、どういう技術を蓄積するのか？　どういう人材を集めるべきか？　外注率は高めるべきか、下げるべきか？

ビジョンがないと、下される判断は人によってバラバラで、組織としての一貫性を失うでしょう。

◉ビジョンがないと、長期で育てる発想にならない

第5章で見てきたように、頼りになるＩＴ人材を育てるのは長期戦ですし、お金もかかります。そして人材だけでなく、プラント型ＩＴ自体、長期的に育てていくものです。そうした時、このＩＴをあと20年は使うのか、5年で作り直すのかによって、今年どれだけ手間をかけるかは変わってくるでしょう。人によってこの見通しがズレていたら、投資すべきかどうかの議論もまとまりません。ＩＴについて日々正しく判断するためには、長期

展望が欠かせないのです。

こうしてビジョン不在の状況を考えてみると、ＩＴビジョンとは何かが見えてきます。

- 日々の判断を導いてくれるもの
- ＩＴに何を求めるのかが示されているもの
- ＩＴに関する長期施策を検討できるようになるもの

以下、各社の具体例を示しながら、これらについて考えていきましょう。3番目の「ＩＴに関する長期施策」は次の章で取り上げます。

毎日喧嘩せずとも、皆の方向が揃う

ＩＴビジョンを短い文章にまとめ、社員に浸透させたことで、日々の判断がブレなくなった例をいくつか紹介しましょう。

◉ビジョン1：成長のボトルネックをなくせ

わたしたちが支援したある医療系の会社は、急成長中のベンチャー企業でした。急成長企業の例に漏れず、その会社の課題は物流や在庫管理や社内ルール整備などの会社の足腰が、成長に追いついていないこと。その頃のＩＴ部門での合言葉は「成長のボトルネックをなくせ」でした。単にコンピュータシステムを整えても、このビジョンは達成できません。全社を横断的に見て、成長のボトルネックになりそうな領域で業務改革とＩＴ構築をリードする部門になれ、という経営幹部からの期待が寄せられていたのです。

通常、ベンチャーでは資金や人手に限りがあるので、いくら急成長中といえども、何もかもを同時に変えることはしません。成長に合わせ、一つひとつ順番に変えていきます。ところがこの会社では「どれかひとつを後回しにしたら、そこがボトルネックになって成長できない」というビジョンのもと、物流のアウトソース先の切り替えやＷｅｂサイトの再構築、販売管理／在庫管理システムの再構築などを、ほぼ同時になし遂げました。実行を決断し、一丸となれたのも、ビジョンの力と言えるでしょう。

◉ビジョン2：ネットこそ主戦場

あるアパレル企業では以前、「まずは機関銃のようにＩＴ施策をたくさん試し、うまくいった施策を残す」という方針をとっていました。アパレル業界の特性でしょうか、「熟考の末に数少ない商品を出すよりは、アイデア豊富に多くの商品を出してみて、売れたものを残す」という企業文化があったからです。当然の帰結として、着手したＩＴプロジェクトの多くは中断され、効果が出るところまでやり遂げる割合も少なめでした。

さすがにそれでは長い目でプラント型ＩＴを育てられないということで、ＩＴ部門はもちろん多くの経営幹部や業務担当者を巻き込んで、ＩＴビジョンとその詳細版であるＩＴ戦略を策定しました。「ネットこそ主戦場」というのは、そのごく一部を表したキーワードです。

関係者で議論を尽くし、ＩＴビジョンを明確にした効果は劇的でした。マーケティングや製品開発などの他部門からの要望を、受け身で対応する一方だったＩＴ部門が、積極的に仕掛ける部門に変わるきっかけになったのです。全体として目指す方向が見え、優先順位がはっきりしたことの効果です。

ＩＴビジョンは歯ブラシと同じ

このように例を挙げましたが、「成長のボトルネックをなくせ」「ネットこそ主戦場」というキーワードがピンとこなかった読者も多かったのではないでしょうか。そうだとしても当然です。歯ブラシと同じで、**ＩＴビジョンは他人のものを借りてくることはできず、必ず自分専用でなければならない**のです。これらのビジョンは、このタイミング、この会社だからこそ、役に立ったのです。

会社独自のＩＴを作り込んでいく中では、いつも迷ったり、社員同士や部署同士で意見が噛み合わない、モヤモヤポイントがあるものです。これらのビジョンはそのモヤモヤポイントに対する明快な指針になっていたのです。業務部門かＩＴ部門かを問わず、これを議論の末に見出した当人たちにとっては、霧が晴れたような清々しさがあります。逆に言えば、モヤモヤポイントを共有していない他社の人間から見ると「ふーん。このキーワードがそれほどの力を持つのか……」とピンとこなくて当然です。

あなたの会社でプラント型ＩＴを作り込んでいく中でのモヤモヤポイントはどこでしょうか？　そしてどういう方針があれば、霧が晴れるでしょうか？　多分すぐには答えられないと思います。半年から1年くらいの時間をかけて、議論しながら見つけていくことになるでしょう。

本当のところ、ＩＴ部門は何屋さんなのか？

4つの役割

ＩＴ部門が「ＩＴを作る人々の集団」だと迷いなく言えたのは、20年ほど前まででしょうか。いまでは、実にさまざまな期待が寄せられています。そして錯綜する期待を整理し切れずに戸惑っている状態だと言えるでしょう。

図31は、ＩＴ部門に求められることを2軸で整理したマトリックスです。横軸は、最新技術にどれだけ積極的に取り組むか。縦軸は、社内での役割を大雑把に2つの方向性で表現しました。そうして区切られた4つの領域を順に見ていきましょう。

図31

IT部門に何を求める？

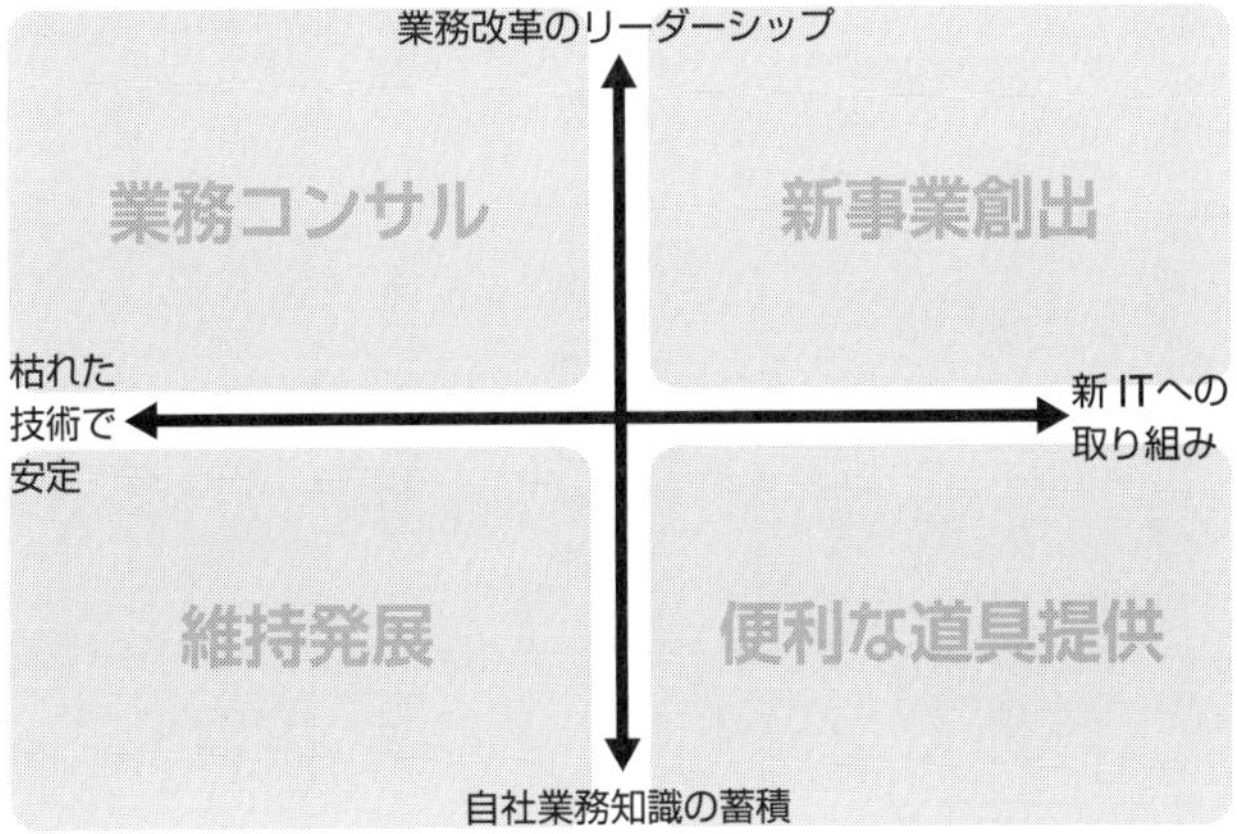

◉ＩＴ部門の役割１：**新事業創出**

新しいＩＴだからこそできることを、業務部門や経営に積極的に提案することがＩＴ部門の役割です。新しいビジネスですから、当然業務のやり方も変えたり、ゼロから設計するのですが、そのリーダーシップもＩＴ部門に求められます。コマツが建設機械にＧＰＳや通信機器を付け、車両の遠隔管理サービスを提供しているＫＯＭＴＲＡＸというサービスなどは、ＩＴの発達によってできることが広がり、それを本業と組み合わせたよい例でしょう。

あるＩＴ企業の社内向けＩＴ部門は、社長から「ショーケースになれ！」と命令を受けています。海外の新しいＩ

Tソリューションをいち早く取り入れ、まずは自分の会社が実験台になるのです。「初物」なので、必ずしもプロジェクトは順調に進むわけではないのですが、苦労して導入し、狙いどおりの効果をあげた場合にはショーケースとして、顧客に積極的に開示します。もちろん「御社もいかがですか？　効果も高いですし、ウチには導入ノウハウがありますよ」と営業活動に使うためです。一般的にIT部門はどちらかと言うと「守りの部門」と見られていますが、与える役割次第で、このようなアグレッシブな存在にもなれるのです。

◉IT部門の役割2：業務コンサル

当たり前のことですが、最新技術がその会社にとって常にベストな選択とは限りません。技術は手段に過ぎないので、安定していて、社員が慣れている技術を使ったほうが、安くてよいものが作れるケースもあります。

技術的に尖ったものを追求しない代わりに、「言われたとおりITを作る」という立場に甘んじずに、経営・業務・ITの真ん中に立ち、業務改革をリードする役割を積極的に果たそうとするのが、マトリックスの左上のポジションです。仕事内容も必要な人材も、その名のとおりに「エンジニア」というよりは「コンサルタント」に近い立ち位置になります。「情報の有効活用や業務の効率化を考えた時に気軽に相談できる、社内コンサルタント」になるのです。

◉IT部門の役割3：維持発展

先端技術も業務部門へのリーダーシップも追求しない左下のポジションですが、ネガティブな存在とは限りません。例えば金融機関や物流などの業界は、業務におけるITの重要性が高く、業界独自の知識も多く必要とされます。つまり他の業界に比べ、ITをパッケージソフトのような形で外から買うのも難しく、自社のITに必要な知識を持った人を人材市場から調達するのも難しいのです。こういう業界の場合は、まずは自社のITをきちんと継続させ、一歩一歩進歩させることが最優先となります。

◉IT部門の役割4：便利な道具提供

最新技術に高い感度を持って、仕事が便利になるようなサービスをどんどん社員に使わせるスタイルです。血管のように業務に絡みついたプラント型ITよりも、最新のツール型ITを自社に合った形で提供することで価値を出します。企業が比較的小さい場合は、プラント型ITを作り込んで社員を従わせるよりは、こういった形で社員一人ひとりを動きやすくするのを支援するほうが効果が出やすく、社員にも好評だったりします。

こういうIT部門は新しもの好きのリーダーに率いられていることが多く、「iPadが話題なんだから、まず自分たちでどんどん使ってみろ。そして仕事で使うアイデアをぶつけてこい」なんて発破をかけられていますね。

これら4つの領域は、優劣があるわけではありません。業界や全社戦略によっても、目指すべきポジションは違ってくるでしょう。重要なのは「自分たちはどこを目指すか」について、共通認識ができていることなのです。しかも、IT部門全体での共通認識ではなく、経営や業務部門とも一致していることが望ましい。そうしないと、業務部門としてはいつまでたっても要望が実現されない欲求不満を貯めることになるからです。会社がどのような方針で考えているのか、2つの具体例を紹介しましょう。

●IT部門はどこを目指す?：イトーキの例

イトーキの経営幹部の皆さんとIT部門のマトリックスについて議論した時の結論は、

①いまのIT部門にはマトリックスの左上を求めているし、今後も強化していきたい
②今後はそれに加え、右上に広げていきたい

図32

IT部門に何を求める？（イトーキの場合）

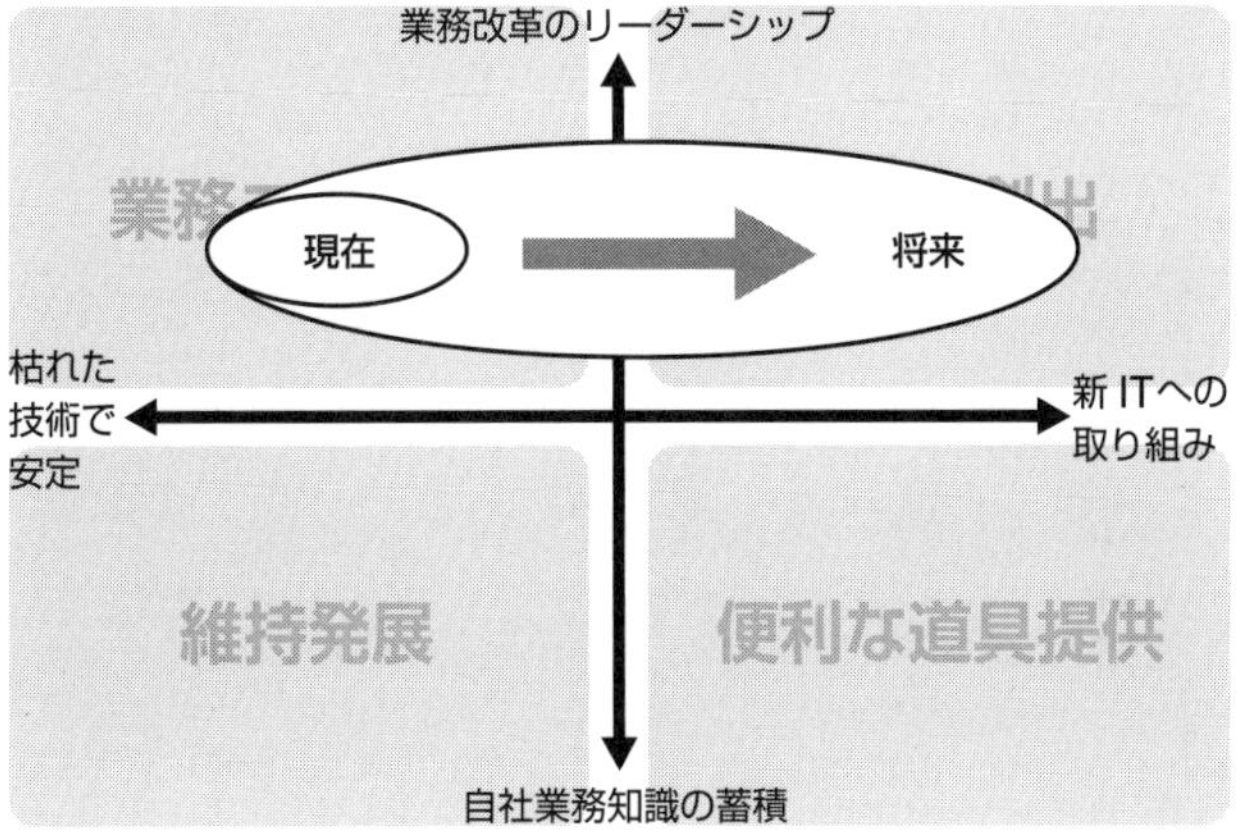

というものでした（図32参照）。少し解説しましょう。

イトーキはオフィス家具の製造販売と、デザイン提案から施工管理までオフィス全体のコーディネートを事業領域としています。いわば製造業とサービス業が組み合わさった業態と言えるでしょう。顧客は企業、病院、教育機関などさまざまで、執務室や待合室、応接室、リラックスのためのコーヒーコーナーなど、デザインする空間も実に多様です。

こういった個別ニーズに細かく答えるためには、デザイン力や多様な商品ラインナップも当然必要ですが、引っ越しや工事の日にすべての商品や工事関係者を用意するための物流力やコーディネート力も勝負を分けます。それを支えるためには、自社のために作り込んだ、専用のプラント型ITが不可欠です。業務を変える際も、プラント型ITと足並みを揃える必要があります。つまり、IT部門に対しては、マトリックスの左上の「業務コンサル」のニーズが強いと言えます。

一方で、近年はマトリックスの右上の「新事業創出」についても、IT部門への期待が強まっています。イトーキは「自らが実験台になって先進的なオフィス空間を作り、顧客に見てもらう」という販売戦略を重視しています。例えば、東京・京橋にあるオフィスはそのままショールームを兼ねていて、カタログだけでイメージが湧きにくい「先進的なオフィスで社員たちが活き活きと働く様子」を顧客が生で見学できるようになっています。

ところで、昨今のオフィスは「大量の紙をキャビネットにどう収納するか」というよりも、「ITでどうスマートに情報を整理するか」という点に関心が移ってきています。イトーキも先進的なオフィス作りのプロとして、さまざまなソリューションを打ち出していきます。こういったビジネス環境ですから、自分の会社で先進的なことにチャレンジし、成果を出して顧客の手本となることが、IT部門にますます求められているのです。

図33

IT部門に何を求める？（生命保険会社C社の場合）

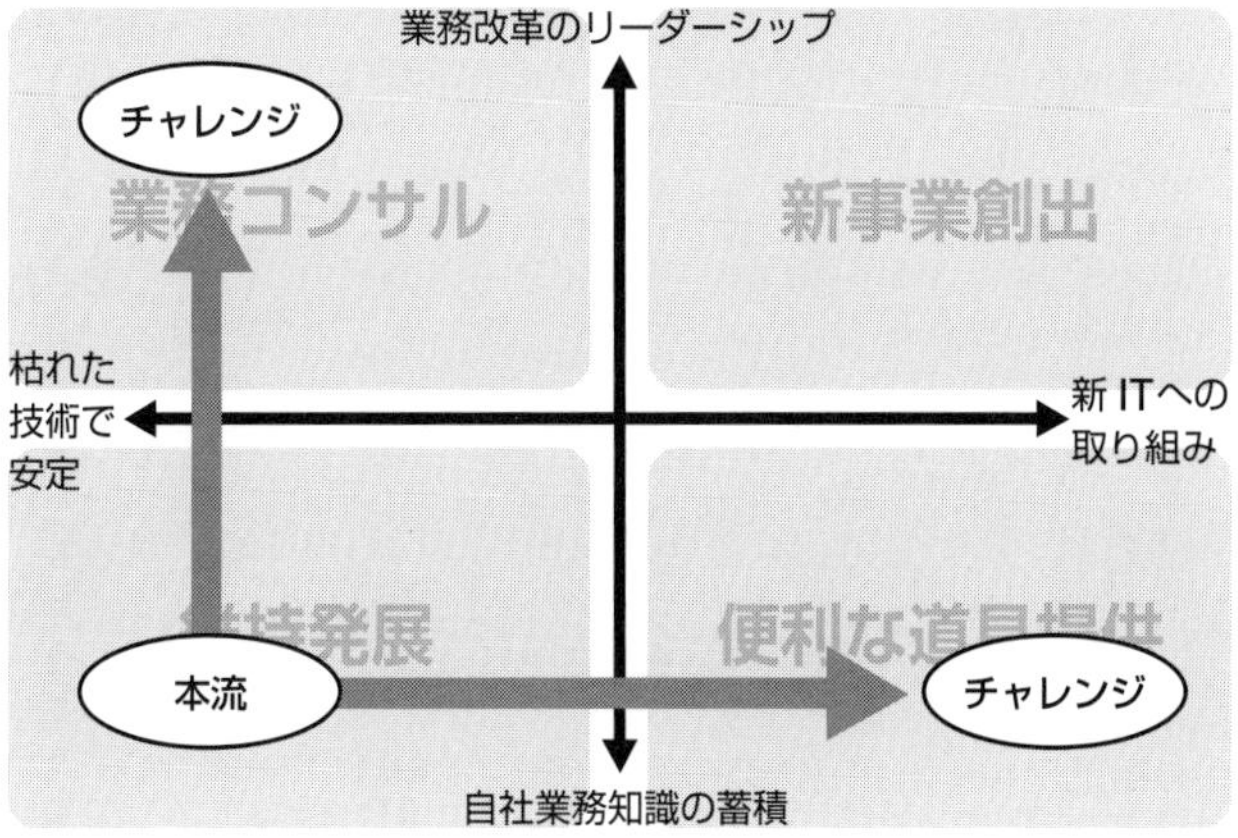

◉ＩＴ部門はどこを目指す？：生命保険C社の例

生命保険はプラント型ＩＴが事業の土台となっている業種の最たるものでしょう。人の一生にあたる数十年もの期間、顧客の情報をしっかりと管理し続ける必要がありますし、保険料や保険金の計算も非常に複雑です。これらはすべてＩＴに任されており、人手で代替することはできません。従って、新しい技術に飛びつくというよりは、正確で安定的なＩＴを維持し、発展させていくことが、最も重要な役割になります。それだけでも相当に難しい仕事ですから、C社のＩＴ部門の本流はマトリックスの左下ですし、今後もそれは変化しないでしょう（図33参照）。

とは言え、金融自由化以来、保険業界の競争は大変激化しています。保険代理店やネットなど、新しい売り方も台頭していますし、業務を見直してコストダウンする必要性も高くなっています。そこでC社では、タブレット端末の導入プロジェクトなどで「便利な道具提供」や「業務改革」へのチャレンジをリードする役割も、IT部門に持たせています。

その際、左下の本流とはかなり違った役割、違ったカルチャーが必要となりますので、場所や組織体制なども意識して分けています。プロジェクトのメンバーも全社組織から横断的に集め、コンサルタントなど外部の意見も取り入れるなど、本流とはあえて違う方法を採用しているのです。こうしたチャレンジを意識的に仕掛けるためにも、「もともと自分たちはどこを大事にしていて、将来はどちらに向かいたいのか」をこのようなマトリックスで議論することは有効なのです。

何を任せ、何を自分でやるのか？

4つの戦略

これまで何度か登場した経営・業務・IT部門の関係図は、IT部門が求める役割を議論することにも使えます。IT部門のあり方は、ざっくり分けて4つのスタイルに分かれます（図34参照）。

◉戦略A：ITを作るのもPLもIT部門で

IT構築そのもの（設計、プログラミング、テスト……）を担うのはもちろん、IT人材の章でフォーカスを当てた、経営や業務をつなぐPL（プロジェクトリーダー）として振る舞うことも、IT部門にお任せください、というスタイルです。

いわば「強いIT部門」とも言える形です。CIO（IT担当役員）がバックに控えるなど、発言権も強くする必要がありますし、社内で優秀な人材を優先的に送り込むなど、名実ともに「エース部署」にすることになります。

このスタイルをとった時に難しいのは、「作り手としてのIT部門と、PLとしての真ん中の立場も同時に果たす」というジレンマがあることです。作り手としてのIT部門は、コストや長期的な安定性を優先させるために、業務部門の要望にNOと言うべき局面がしばしばあります。そういった対立は真ん中ポジションであるPLが仲裁するものですが、PLもIT部門の人間だと、中立的な立場から対立を解消できないことになります。こう

図34

IT 部門はどこを担うのか？

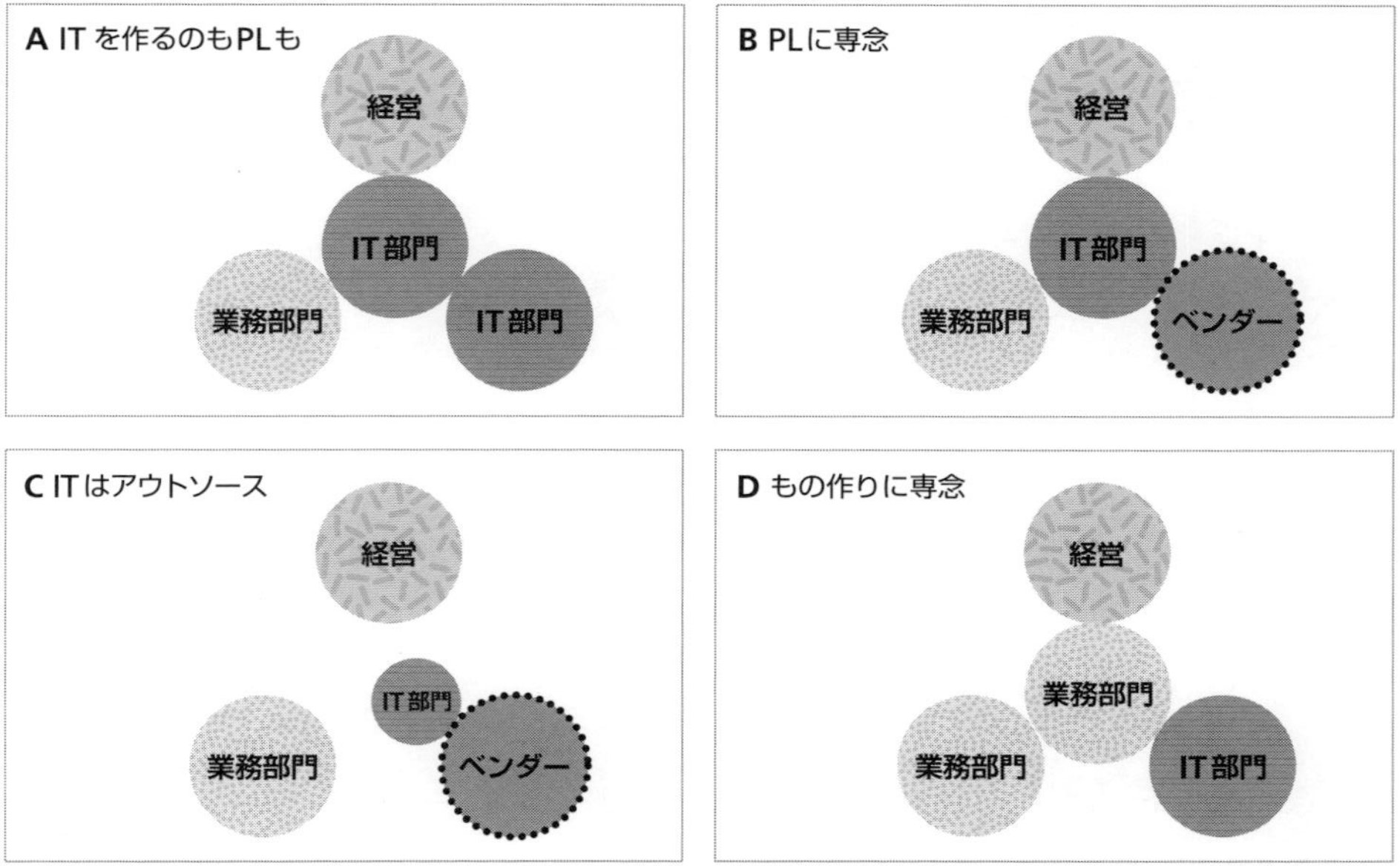

いう立ち位置でのPLはわたしも経験がありますが、かなりプレッシャーがありますし、微妙なさじ加減が求められます。

◉戦略B：IT構築は外部に任せ、IT部門はPLに専念

Aのスタイルがなかなか難しいので、大企業ではこの形が多いと思います。構築はかなりの部分をベンダーに任せてしまうのです。外部のベンダーはその時その時で必要な技術を持った会社をコンペ形式で選べますから、比較的安く、技術力を手に入れることができます。もともとAのスタイルだった会社が、IT部門を子会社化することでBに近くなった形も、大企業でよく見られます。

このスタイルの難しさは、PL人材を育てるのが難しいことでしょう。第5章で検討したように、IT構築をベンダーへ丸投げしてしまうことで、自社の社員がITプロジェクトでチャレンジする機会が減り、PLを育てられなくなります。ふと気づくと、「PLはいるけれども、お神輿として乗っかっているだけ」「ベンダーの言うことのよし悪しが判断できない」「結果として、毎回同じベンダーを頼らざるを得ないので、割高に感じる」と、Cに近い形になっているケースが多いのです。

◉戦略C：ITはアウトソースする

ITをコア業務とは考えずに、外部ベンダーにアウトソースする形です。プロジェクトごとに複数の外部ベンダーと契約を結ぶケースと、思い切ってひとつの外部ベンダーと複数年契約を結び、任せてしまうケースがあります。社内にIT部門がゼロというケースは稀ですが、主体的にもの作りをしていないと能力的には弱体化していきますので、IT部門というよりは「IT購買部門」に近い存在になっていきます。

この本でさんざん主張してきましたが、わたしは「プラント型ITを作ることは、会社のコア業務」という考えですので、多少コストダウンができたとしても丸ごとアウトソースには反対の立場です。

◉戦略D：IT部門はもの作りに徹する

PLは業務部門に担ってもらい、IT部門はIT構築を担当するスタイルです。例えば経理のプロジェクトであれば、ゆくゆくはITを構築することがわかっていても、IT部門ではなく経理部門からPLを出してもらいます。営業改革であれば、当然営業のプロにPLを頼みます。

そうしてプロジェクトの序盤では、成し遂げたいことや業務の将来像、その時に必要な

ITについて、業務とITの垣根なく、みっちりと議論します。ある程度方向性が明確になった後は、改めてIT部門には専門家として活躍してもらいます。もちろんプロジェクト終了後に、できあがったITを維持・発展させることもIT部門の大切な仕事になります。

わたし自身は、プロジェクトとして新しいことにチャレンジする時は、このスタイルが好きですね。この形のほうが、業務部門が「自分たちのビジネスのために、ITはどうあるべきか」を、人任せにせずに考える姿勢になりやすいからです。

このスタイルの弱点は、PL人材のところでも触れたように、業務部門から優秀なPLが登場するのが稀だということです。問題は、ITに詳しくないことではありません。むしろ、プロジェクトで必要とされる、不確実でゼロから考えていかなければならないワークスタイルに、業務部門の多くの方が慣れていないことでしょう。逆に言えば、そのあたりをプロジェクトのプロであるコンサルタントが補佐したり、プロジェクト経験を意図的に積ませることでPLを育成できれば、素晴らしいプロジェクトを作ることができます。

以上、4つのスタイルを見てきました。これに関しても、一概にどれがベスト、とは言えません。業界の特性や、現時点でIT部門にいる社員の能力や性格によるからです。重要な事は、経営や業務部門とこういった「IT部門が果たすべき役割」を議論し、認識を合わせておくことで、前章で書いたPL人材の育成の仕方や、お金の使い方について、すり合わせることなのです。

COLUMN

情報システム部門は、なぜ子会社化されたままなのか?

いまやほとんどの大企業は、情報システム部とは別に、情報システム子会社を持っています。もともとは社内の一部署だった情報システム部が分社した会社です。わたしも仕事を通じて多くの情報システム子会社の方々とお付き合いがあり、普段から何気なく接しています。

しかし、なぜ本社から分社しているのだろうか、と考え始めると、意外と理由がわからないものです。もちろん一般に言われている「分社の理由」はだいたい知っているけれども、それが合理的だとはどうしても思えません。

◉よく言われる分社理由1：コア業務じゃないから

コア業務じゃない仕事はアウトソースしたほうがいい、そこに貴重な人材を投入するのはもったいないし、市場から調達したほうが安くていいものが手に入る、という理屈です。でもこの本でずっと強調してきたように、自社のＩＴを構築・維持することは、コア業務と捉えるべき、極めてビジネスインパクトが大きな仕事です。だから「コア業務じゃないから」という話にはそもそも同意できません。

近い話として、「本社組織では、ＩＴ部門の出身者が経営幹部登用で軽視されがち。だからＩＴ部門によい人材が確保できても、キャリアパスへの漠然とした不安から、転職してしまうケースが多い」という嘆きも聞きます。そのため分社化し、情報システム子会社の役員になる道を示す必要があるのだと。

これも、ＩＴをコア業務だと考えていないことの弊害でしょう。重視していないから、優秀な人材は確保しづらくなる。例えば製造業では、生産技術出身の経営者は数多くいます。でも、金融や流通でＩＴ畑の方が経営者になることは（三菱東京ＵＦＪ銀行のような例外を除くと）少ない。本当に問題が大きいと思います。これは、Ａｍａｚｏｎのようなし

ＩＴネイティブな会社に日本企業が押されてしまう一因なのではないでしょうか。

◉よく言われる分社理由2：外販

情報システム部門は、売上げをあげないコスト部門ですが、子会社化して他社にサービスを販売すればプロフィット部門になります。「外で稼いでこい！」というわけです。

狙いどおり外販率を高め、親会社から独立したビジネスとして成功している情報システム子会社もあります。しかし実態としては「外販はほんのチョロッとで、親会社やグループ会社からの売上げがほとんど」という会社が圧倒的多数です。外販するということは、専業を含む多くの会社を相手に、ガチンコで市場競争をするという意味で、甘くないのです。情報システム子会社の中でもエース人材を充てる必要が出てきます。

でも、ちょっと待って欲しいのです。外販してグループ外からチョロチョロ売上げを稼ぐのと、グループとしての本業である本社のビジネスを最高の品質で支えるのと、どちらが本当の意味でグループ貢献度が高いでしょうか？　それを冷静に比較して、「それでも外で稼ぐべき」との結論なのでしょうか？

いずれにせよ、20年前に「外販で稼ぐぞ！」といって子会社化し、いまだにほとんどできていないのであれば、戦略を見直すべきでしょう。

◉よく言われる分社理由3：人材確保

プログラミングをしたいと情報工学を勉強してきたIT専門家だけが、ITに関われるのであれば、子会社化してそういった専門家だけを採用するのもひとつの作戦です。そこまでいかなくても、「ITはIT志望の学生さんじゃないと」という感覚は根強くあります。でもそれって、誤った前提だと思います。企業にとって本当に必要な人材は、経営・業務・ITの三者の間に立つリーダーです。そして必要なのは超高度なアルゴリズムを作る能力ではなく、普通に優秀なビジネスパーソンです。こういう仕事に「僕、プログラミングだけをやりたいんです!」と言って就職活動する人が向くとは、正直思えません。

◉よく言われる分社理由4:人材評価と待遇

人材確保の話ともつながりますが、ITエンジニアは比較的「手に職」という商売なので、人材流動性が高い、つまり転職はしやすいです。そのため親会社の他の部門と同じ人事制度だと、適切に評価し、給与を払うことが難しい場合があります。

これは一理あるでしょう。ただ、例えば営業部門と技術部門で全然異なる人事評価制度、キャリアパスを持っている会社は数多くありますから、子会社化しなくても別のキャリアパスと待遇制度を作ればいいと思います。

◉それに対してのデメリット

子会社とはいえ、別の会社である以上は事務処理が煩雑になるなど、細かいデメリットはいろいろありますが、ここでは2つだけ触れておきましょう。

◉デメリット1：企画と実務の分離

一般的に、情報システム部門を分社化しても、企画部門は本社に残ります。ＩＴ戦略を立案したり、他の部門とのつなぎ役を果たしますし、情報システム子会社への発注役もこなします。実務をやらずにいきなり企画ができるようになる人はいないので、本社情報企画部と情報システム子会社を往復するキャリアを築くのが一般的です。

でも、やはり会社が分かれていることの影響は無視できません。「あなた作る人。わたし食べる人」というマインドになっていきます。特に、システムの作り手である子会社の側が、作ることに集中してしまって、「このシステムは本当に業務に貢献しているのか」「もっとコストを抑える方法はないのか」といった疑問を持たなくなる弊害が大きいのです。

◉デメリット2：市場からも組織からもガバナンスが効きにくい

情報システム子会社が完全に独立した組織なのであれば、市場競争にさらされます。

サービス品質が低いと生き残れないので、必死に努力をせざるを得ません。逆に、情報システム部門が完全に親会社の一部門なのであれば、組織としての統制が効きます。

しかし多くの情報システム子会社は、この点で中途半端な状況と言えるでしょう。親会社のシステム構築はほぼ独占受注になるので、市場の淘汰圧は効きにくい。一方で、一応外販もしている独立した企業なので、親会社の意向も効きにくくなる。例えば「このプロジェクトにエースを投入してよ」みたいな要望がなかなか届かなくなるのです。当然、コストダウンの必死さもトーンダウンしがちになる。

結果として、市場がバナンスからも組織ガバナンスからも逃れたエアポケットが生まれやすいので、優れた組織を作り、優れたサービスを提供し続けるのはかなり難しいように思います。もちろん目指している方々は多くいらっしゃるのですが。

というわけで、IT部門を分社化することの経営合理性はないように思います。以前、情報システム子会社の役員20名ほどにこの話を講演する機会がありました。その時も、ほとんどの方が「そのとおり、いまとなっては合理性はない。ただし、役員人事や給与待遇の問題があり、いまさら元に戻すことはできない」と諦めたようにおっしゃっていました。

例えば、本社の情報システム部長の長年の先輩が、システム子会社の社長さんだったりしますから、「合理性がないので統合します」とは大変言い出しづらい。

実態としては、30年ほど前に、ある種の流行として分社化が行なわれたのです。それからずいぶん時が経ち、経営環境も変わったのですから、本来は見直すべきでしょう。しかし嫌われ役を承知で、そこに手をつける経営者がいないのです。

第7章

意志を込め、長い目で育てよう

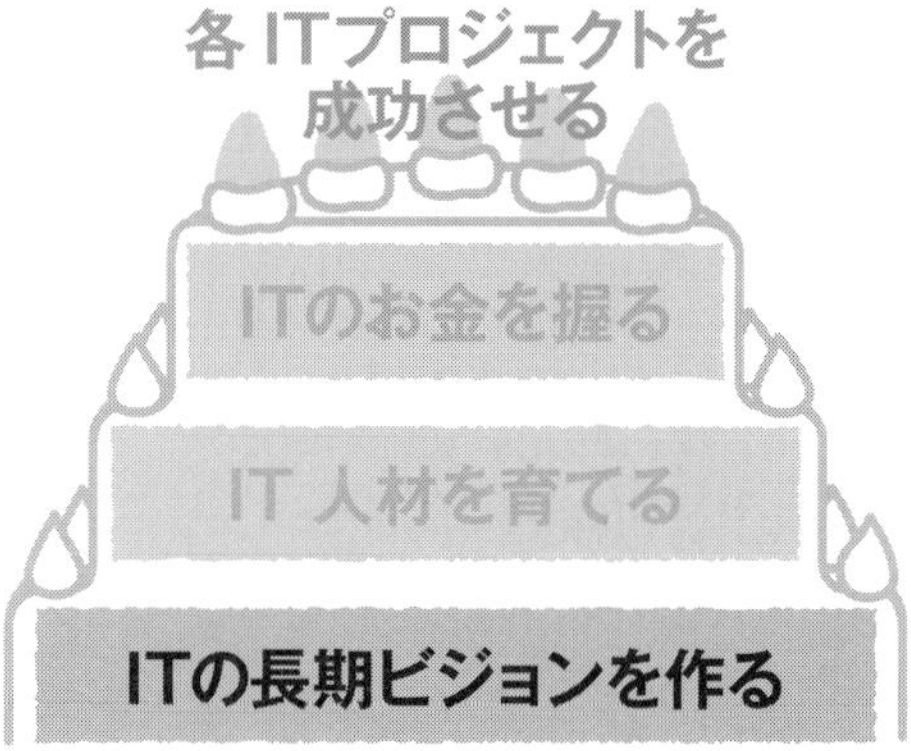

あるＣＩＯの嘆き

某社のＣＩＯ（ＩＴ担当役員）がボヤいていました。

「ウチの社長が『すべてのＩＴ投資は、見合う効果を金額で示せ！　それができないような投資は許さん』と言って聞かないんだよ。新しいＩＴをイチから作るならもちろん効果は示せるんだけど、問題は再構築だよね。いま現在の業務を支える、屋台骨みたいなＩＴを作り直したって、プラスαの効果なんて出ないから。いまの業務はＩＴ前提で動いているので、その恩恵はカウントされてないんだよなぁ。『1枚2円の紙を１０００枚ペーパーレス化しました！』と言ってもたかが知れてるしさ。ユーザーにとって画期的に便利になる話でもないし」と。

新しいＷｅｂサイトを作って売上げが毎年30億！　みたいなプロジェクトなら別ですが、すでに構築済みの基幹システムを再構築するプロジェクトの時は、わたしも費用対効果を黒字にすることには苦労しています。絶対、黒字にならない場合もあります。では、そのような「金額で表現できるような効果がバリバリ出ないプロジェクト」はやるべきではない、という経営判断になるのでしょうか？

その問いに答えるためには、前記のボヤキで社長が求めている「数値化できる短期の効果」だけでなく、

- **数値化しにくい定性効果**
- **長期の効果**
- **長期の事業継続リスク**

など、もう少し多様な視点でＩＴについて考える必要があります。これはＩＴのビジョンの話でもあり、「ＩＴとお金」に関する、第３章とは別の側面の話なのです。

熱海の旅館化するIT

ほとんどのITエンジニアが実感を込めて同意してくれる比喩に「熱海の旅館」があります。別に熱海に限らないのですが、古い日本旅館は本館、新館、新新館……と増築に増築を重ねて迷路のようになっている建物が多くあります。最初から青写真に沿って建て増しするのとは違い、思いつきのように足していった結果、やたら階段を上がったり下がったりするような、いびつな構造になっています。部屋から温泉まで廊下を10分歩くというのも、風情があって個人的には嫌いではありません。とは言え、たまに行くからいいのであって、そこでビジネスをやるとなると不便でしょうがないでしょう。

企業の「装置としてのIT」も、最初に作ってから20年くらい経つと、増築を重ねてまるで熱海の旅館のようになっている場合があります。建築と同じくITも、最初に作った時にはアーキテクチャー（建築様式、設計思想）にもとづいて作っていますから、整然としていたはずです。ところが、長年使っていく中では「2か月で○○の対応をしないとマズ

写真：アマナイメージズ

い！　設計思想に沿ってきちんと作る余裕がないから、とりあえずこの機能を追加して凌ごう」といったことがあるものです。熱海の旅館化の始まりです。

例えば以前、ある会社の「組織マスター入力エキスパート」にヒアリングしたことがあります。大企業では部や事業部の新設や統合は毎月のようにあり、組織はあらゆる業務やＩＴのベースとなる情報ですから、当然、タイムリーに組織マスターに登録します。ところがその会社では、ＩＴが複雑になりすぎていて、登録の時に守らなければならない制約や手順が多く、その方しかできない作業になっていました。30分くらいヒアリングした後の感想は、「一つひとつのルールは把握できませんでしたが、とても繊細で難しいお仕事だということだけは、わかりました……」でした。

そのエキスパートの方が非常に優秀なのでなんとか業務が回っているのですが、やりたいことは新組織をシステムに登録する、言ってしまえばただそれだけです。ＩＴがまともならば、誰でも10分でできる仕事のはず。これが、積み重なった改築の恐ろしさです。同じことは、Ｗｅｂ系のＩＴのように比較的歴史が浅くても、未成熟な技術で一気に作った場合には起きています。

熱海の旅館化したＩＴは他にも、「遅い、不安定、変えられない、高い」の四重苦に苦しむことになります。まず遅い。老舗旅館の大浴場までが遠いのと同じように、ＩＴとして最適化されていないからです。また、どこがボトルネックで遅くなっているのか特定が難しく、きちんと対策を打てないという理由もあります。同じような理由で、トラブルが起きるリスクが高まっていても気づきにくいので、ちょくちょく止まったり、計算間違いが起きます。

直せないのも、機能が整理されていないからです。1か所に手を入れると影響範囲が特定できず、調査やテストに膨大な時間がかかるのです。プログラムを1行直すのは10分しかかからないけれども、調査とテストに2か月かかるというイメージです。ユーザーからしてみると、たったこれだけを直してもらうのに、なぜ2か月も待たされるのだ！　と不満たらたらです。

さらに状況が悪化すると、ユーザーからの不具合報告に対して「調査しましたが、原因はわかりませんでした」と毎回回答するという、かなり不安な状況で使い続けることになります。先ほどの組織マスター登録とは違う会社でも、「謎の経理仕訳を追跡するエキスパート」という方が経理部にいました。ＩＴエンジニアがお手上げでも、業務部門としては仕事をやり切るしか選択肢がないのですから、そういう「主」みたいな方が生まれてしまうのです。こうなるともう、「この不安定な状況でおっかなびっくり使い続ける」か、「抜本的に作り直す」のどちらかを選択するしかなくなります。

実は、冒頭で紹介したＣＩＯのボヤキは、こういう状況で飛び出しました。熱海の旅館状態で、抜本的に作り直すしかないと思っているのだが、経営や業務部門から見ると、特に機能がアップするわけではない。だから投資額に応じた効果を示せず、社長は決してＹＥＳと言ってくれない。でも、ＩＴのトラブルがあると怒鳴られる……。なかなか辛い状況です。

数十年前にそのＩＴをゼロから作り上げたベテランエンジニアが引退すると、熱海の旅館化はより一層悲劇になります。自分の手で作り上げたＩＴを隅々まで知る人がいなくなってしまったのですから、何をやるにも一行一行プログラムを読み込んで解析するしかなくなるからです。団塊の世代が一斉に定年退職する「２００７年問題」が話題になりましたが、ＩＴエンジニアの世界では、この問題はまだまだ現在進行形の悩みなのです。

業務担当が業務を語れない事態

さて、熱海の旅館を騙し騙し使っていた会社が、ついに抜本的な再構築を決意したとしましょう。その時に起こりがちなのは、「どういうＩＴを欲しいのか、誰も語れない」という事態です。

一般的に、どういうＩＴを作って欲しいかを語るのは業務担当者の仕事で、できなければ業務担当者失格です。ですが、ちょっとその人の立場に立ってみてください。その担当者が数年前に仕事を始めた時、ＩＴはすでにできあがっていました。すべての業務はＩＴに沿って行なわれます。すると「自分の仕事はＩＴが命ずるまま、入力をすること」と勘違いしてしまうケースがとても多いのです。

ベルトコンベアの前に立ってタマゴを割る仕事だけを1年間やっている人を想像してみてください。彼は、自分がケーキを作っていることを忘れてしまうかもしれません。そこまでひどくなくても、ケーキの作り方はマスターできないでしょう。プラント型ITが発達しすぎると、そういう状態になるのです。

そもそもどういう理由でその業務をやっているのかも理解していません。ビジネス上重要な判断基準やチェックすべきこと、計算式などの「ビジネスロジック」もすべてITに埋め込まれているから、理解していません。そういう人が「新しくITを作るなら、こういうITが欲しい」と語れないのは無理もありません。

こうして「この会社を動かしている一番重要なロジックは、ITというブラックボックスの中だけにある」というSFのような事態は、いまでは普通に起きています。繰り返し「プラント型ITは、企業にとって血管や神経のようなものだ」と書いてきましたが、こうなるともはや手足の神経というよりは、脳みそが怪しい状態です。

そういう実態は、プロジェクトが始まってから判明するケースがほとんどです。仕方がないのでITエンジニアがプログラムを解析し、「ビジネスロジックはこうなっているようですが……」と業務担当者にお伺いを立てます（もちろん、膨大な手間とお金がかかります）。聞かれた業務担当者も「そうですか。では、新しいITでもまったく同じように作ってください」としか言いようがありません。こういうやりとりを通じて最新のビジネス環境に応じた最新のＩＴを作るのは、夢物語です。

伊勢神宮を真似る企業が増えている？

少し前に、販売や物流を網羅する巨大なＩＴを再構築する計画について話をしていました。その再構築プロジェクトが一番困っているのはなんと、「いま使っているＩＴの出来がよすぎる」でした。どういうことでしょう？

そのＩＴはまさにプラント型ＩＴの最たるものでした。ビジネスを遂行するためにやる仕事が、長年作り込んできたＩＴによって完璧に支援されていたのです。もちろん業務効率もよいですし、経営判断に必要な情報を即座に取り出すこともできます。ＩＴから情報が提供され、それを見て自分たちが改善すべきことを判断するまで、一連の流れがすべてＩＴに折り込み済みなのです。

現在使っているシステムがここまでよくできていると、新たに作り直しても、業務効率

写真：アマナイメージズ

も経営管理レベルも向上しません。むしろ新しいＩＴに慣れるまでの間は、効率が落ちることでしょう。それではなぜ、それを承知でＩＴを作り直すのでしょうか？

「伊勢神宮の式年遷宮なんです、と他の経営陣を説得しました」というのが、そのプロジェクトを主導しているＣＩＯの言葉でした。

式年遷宮とは、伊勢神宮の社殿を20年ごとに建て直し、ご本尊を引っ越しさせる習わしです。新しい社殿は古いもののすぐ隣ですから、わざわざ引っ越しをする意味が現代人にはわかりません。２０１３年の遷宮では約５５０億円かかったそうですから、大変な無駄です（余談ですが、この費用を積み立てるために、全国の神社に寄付金の割り当てが決められます。わたしが氏子になっている地元の小さな神社も、50万円くらいのノルマがありました)。

第1回が690年に行なわれてから中断や延期を経て1300年もの間、延々と繰り返されたことなので、何らかの意味があるのでしょう。よく言われるのが、宮大工の技術伝承です。20代で前回の式年遷宮に参加した大工さんは、次回の式年遷宮を40代の油の乗り切った時に迎えます。3回目の式年遷宮を60代で迎え、後見として後進の指導にあたる大工さんもいることでしょう。こうして技術を絶やさず伝えることができる。むしろ、そのためにわざわざ遷宮をやっているのでは、という説です。

伊勢神宮が式年遷宮をやるようになった本当の理由は、歴史の闇に紛れてわかりません。しかしこの「宮大工の技術伝承のためには式年遷宮が必要」という考え方を、ITに適用する会社が最近増えてきました。前記の巨大システムの再構築もそうです。プラント型ITは長く使うものですから、ゼロから再構築するプロジェクトに参加できる機会はそれほど多くはありません。ところが、IT人材の章で強調したように、そういうプロジェクトを任せられる人材は、そうしたプロジェクトで揉まれた経験がなければ育たないのです。

技術伝承のために式年遷宮をする論理は、業務担当にとっても当てはまります。ITを再構築する際には必ず業務面も「そもそも何のためにこの業務をやるのか」「いまの経営環境、いまの技術をもとにゼロベースで考えると、どういう仕事のやり方が最適なのか」と考えざるを得ません。いわゆるBPR（Business Process Re-Engineering）です。あまり変化が激しくない業務であっても、20年に一度はこういう「ゼロから業務を組み立てる経験」をしないと、自分の仕事がいったい何をやっているのか、わからなくなってしまいます。

また、ITの式年遷宮には人材育成以外にも「熱海の旅館を建て替える」という目的があります。ITは日進月歩ですから、数十年前の技術では古くなっています。たとえユーザーにはあまり実感できなくても、現代の技術で作り直すことには意味があるのです。

式年遷宮の際にはすべての機能を棚卸しし、もはや使っていないプログラムを捨てたり、共通化したり、別の部品を使って作り直します。そうすることで運用コストが下がる場合が多いですし、今後修正する際の影響範囲の見極めもできるようになります。古い技術のサポートを受けられなくなるという事態も防げるでしょう。

「いま使っているITの出来がよすぎて困っている」と書いたのは、①いま使っているITがよくできている、②いまが十分よいので、作り直してもさらなる改善は望めない、③だが、式年遷宮はしなければならない、④それって経営者に納得してもらうのが大変なんだよね〜、という話だったのです。

費用対効果で示せない判断こそが経営幹部の仕事

第1章で紹介した震災義援金をきっかけとしたみずほ銀行のシステム障害も、古い設計思想が根本原因だった、という分析があります。古い設計思想とは、「顧客から振替依頼を受け付けたら、リアルタイムに処理するのではなく、手続きを溜めておいて夜間にまとめて実行する」という考え方です。注意が必要なのは、システムが作られた当時としては、ハードウェアの値段やスピードを考慮すると、その方式がベストだったことです。

しかしハードウェアの性能が上がったいまとなっては、「まとめて処理する」という発想そのものが、「義援金のように依頼が殺到した場合、依頼を処理し切れずに朝を迎えたらATMを利用開始できない」という宿命的な欠点につながっています。

もちろん、この古い設計思想をベースにしたITを使っていても、大きなトラブルなく運用しているメガバンクもあります。これが、トラブルの唯一の原因ではないでしょう。

それよりもわたしが強調したいのは、こういった根本的な設計思想を作り替える式年遷宮は、いくらわかりやすい金額的なメリットがなかったとしても、いずれ必要となる、ということです。装置としてのＩＴを脈々と維持する営みの、欠かせない一部なのです。

難しいのは「わかりやすい金額的メリットがなかったとしても」という部分です。先日この話をあるＣＩＯとしていた時、「逆に、**効果が数値で示せるならば、社長が判断する必要はないだろう**」とおっしゃっていました。役員会議などで社長が決断を下すべきは、式年遷宮のような「簡単には効果が見えない。だが百年の計としてはやらなければならない、または大きなリスクを防ぐためにはやっておいたほうがいい」といった、悩ましい決断なのです。

この方は「だからこそ、そういう決断を社長ができるような材料を提供するのが俺の仕事だし、理解を深めておいてもらうために、普段からＩＴについてわかりやすく話しているんだ」と、続けて話していました。きちんとその話に付き合ってくれる社長も立派な方だと思います。

この本の初めで「ＩＴを丸投げするな」と書きました。これをもう少し具体的に書くと**「正解のない、数字で表せないような判断を現場に押し付けるな」**ということになります。例えば、「コストとリスク、どちらを重視するか」「ＩＴは内製すべきか、外注すべきか」「短期利益と長期利益のどちらを優先すべきか」といった判断です。大げさではなく、Ｉ

Tについて真剣に考えると、このような悩ましい判断によく直面するのです。これは経営幹部の仕事でしょう。逃げられません。

費用対効果が黒字にならなくてもやったプロジェクト

わたしが数年前に携わった業務&IT改革プロジェクトも、あまり黒字が見込めないプロジェクトでした。ITの再構築にはどうしても大きな投資が必要となり、収支をグラフにすると、すごく緩やかにしか上昇しません。もちろん業務がシンプルになり、人件費は削減できるのですが、それを積み上げてもIT投資額の大きさと比較すると小さな額です。うまくいっても、投資が回収できるのは7年後。予定より投資金額が膨らんだり効果が出ない場合は、永遠に回収できないという状態です。

それでも、このプロジェクトにはGOサインが出されました。いわば、儲けには貢献しないことを覚悟のうえでのプロジェクトです。なぜ、そんな経営判断をしたのでしょうか？

ひとつ目の理由は、金額換算できない定性効果を重視したからです。売上比で50%以上

図35

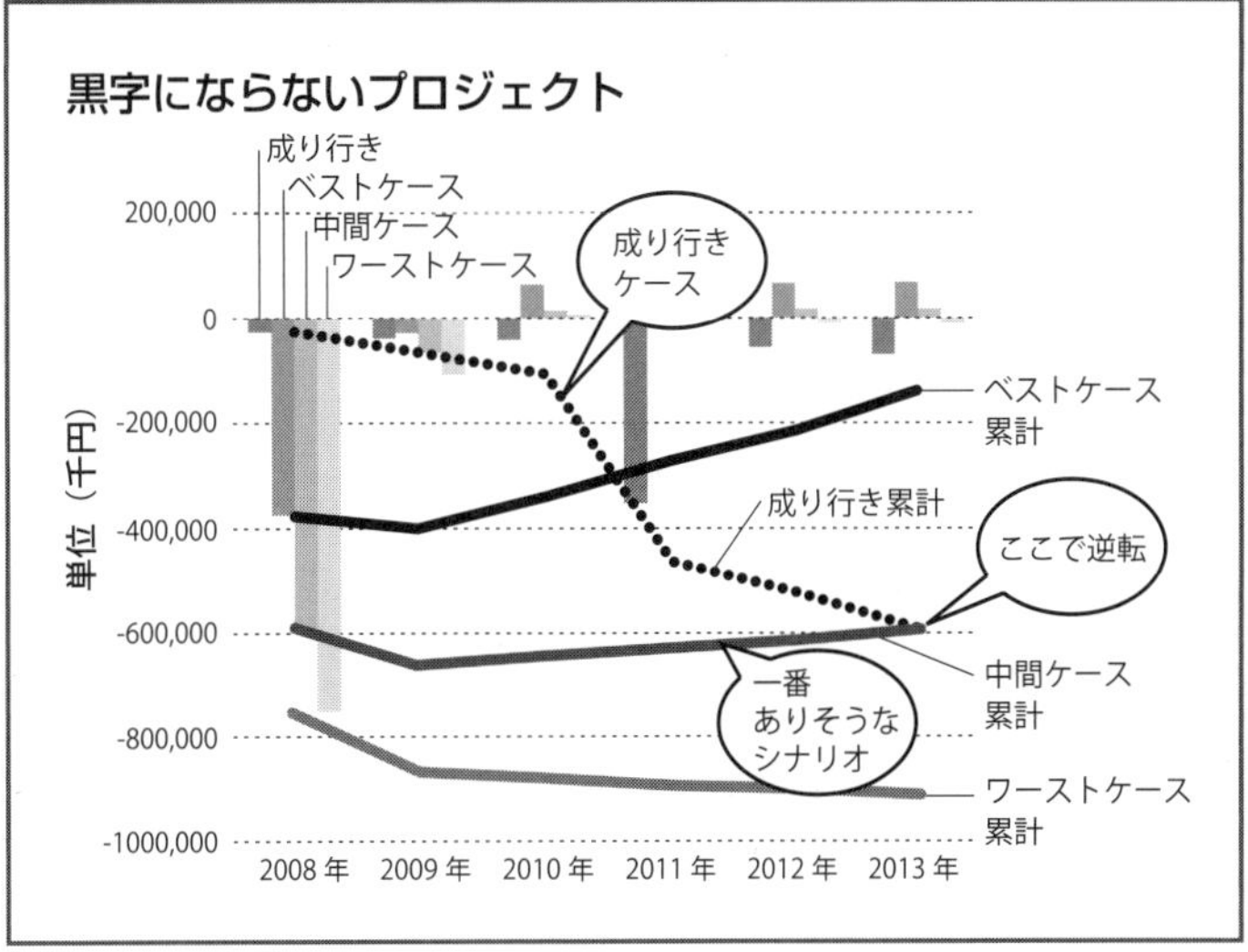

が海外というグローバル化や、ビジネスのバリエーションが多様になったことなどに、20年以上使ってきたＩＴでは柔軟に対応できなかったのです。

もうひとつは、このＩＴを作り、ずっとメンテナンスしてきたベテランエンジニアが定年退職してしまうという、技術継承上の問題です。彼がいないと法制度の変更に対応するためにプログラムを変更する際にも、手探りになってしまいます。このことをきちんと議論のまな板に載せるために、このＩＴ部門がモヤモヤと感じていた不安を無理やりにでも数字化することを提案しました。

毎年必要となる改修をこれまでの実

績から予測し、ベテラン退職後にそれを安全にやろうとすると、どの程度手間がかかるのかを算出したのです。それを「プロジェクトをやらなかったらたどるであろう、成り行きケース」としてグラフ化し、プロジェクトを実施した場合と比較しました（図35参照）。すると5年ほど後に費用が逆転することがわかりました。このグラフで「プロジェクトをやって儲かるわけではないけれど、やらないよりはマシです」と経営陣を説得することができました。

この例のように、派手に儲かるわけではないIT再構築のプロジェクトでは、経営者の説得に苦労します。すべてのIT部門の悩みです。以前、ある上場企業のCIOは「ウチの社長には、**ITは机や椅子みたいなものだ、**と言っているんですよ。誰も机の費用対効果を示せなんて言わないでしょ？　それと同じで、みんなメリットを受け取っているし、買わないわけにもいかないんですよ」と言い切っていました。すべての社長さんがこの説得で投資決裁のハンコを押してくれるとは思いませんが、謎の説得力があるのも確かです。「ITも机や椅子と同じように、あるのが当然だと思っているもの、ないとビジネスが回らないものである！」という主張が裏にあるからでしょう。

もう一度思い起こして欲しいのですが、プラント型ITは「ビジネスそのものであり、ないと会社が存続しないもの」です。「あるといくら儲かるのか」よりも「なくてもビジネ

ス が回るのか」「ソロバン勘定だけでなく、経営の意思としてやるべきか」を問うべき時もあるのです。

ロードマップで将来を見通せ

ＩＴに限らないのですが、「長期計画を一緒に立てて欲しい」という依頼がわたしたちコンサルタントにはよく寄せられます。３年先、５年先と、期限を区切った中期経営計画の場合もありますし、第６章で取り上げた「ビジョン」に近い、期限を決めずに方向性を明確にしたい場合もあります。どちらにせよ、「この先、僕らはどこへ向かうのか」をおよそ見通すことで、無駄な投資や議論の行き違いを防ぐ狙いがあります。

たいていは合宿所にこもって、「どういう存在でありたいのか」「価値あるＩＴの貢献とは何か」という青臭い議論から始めるのですが、最終的に作る資料の外見は、似たようなものに落ち着きます。施策一覧と、それを時系列に並べたロードマップです（図36、37参照）。さまざまな経営判断や個々人のこだわりや調査やひらめきをすべて盛り込み、最後には

図36

施策一覧

チャレンジする施策　　優先度　　担当部所

	改革施策	施策備考	実現フェーズ	優先度 ビジネス・ベネフィット	優先度 組織受入態勢	優先度 コスト	主担当組織	備考 対象外にした理由
1	分散されているデータの一元化	各種システムで分散管理されているデータを一元管理し、正しい情報を管理できる仕組みを実現する。	1	H	H	H	シス企	
2	組織連携を強化するための情報共有基盤の構築	情報共有するためのITシステムを導入し、組織間のコミュニケーションロスによるお客様のクレームをなくす。	1	H	M	M	シス企	
3	企画、管理業務へのシフト	各種オペレーション業務を効率化し、RFP提案、運用改善に向けての　企画・提案型にシフトする。	1	M	H	M	情シス	
4	運用体制の効率改善	障害の発生から解決まで、横断的なステータス管理を実現し、組織を横断した改善活動を行う。	2	M	M	M	品管	まず第1フェーズで基盤を構築し、第2フェーズで改善につなげる改善を行う
5	組織の役割、ミッションの見直し	プロダクトマネジャーやメーカー担当、パートナーのマネジメント強化など、役割・ミッションの見直しを行い、利益構造の強化を図る。	–	H	M	H	経企	中間マネジメント・ボードで本プロジェクトとは切り離して検討することとした。
6	情報分析基盤の構築	BIツールを導入し、マーケティング活動の質を上げる。	2	M	H	L	営企	高コストであるため、実現フェーズは再検討する。
7	属人化している業務オペレーションの標準化	特定の担当者にしかわからない業務ナレッジをシステム化、マニュアルに落とし込み、標準化する。	–	M	M	L	事務管理	別プロジェクトとして立ち上げ管理、実現する

図37 ロードマップ

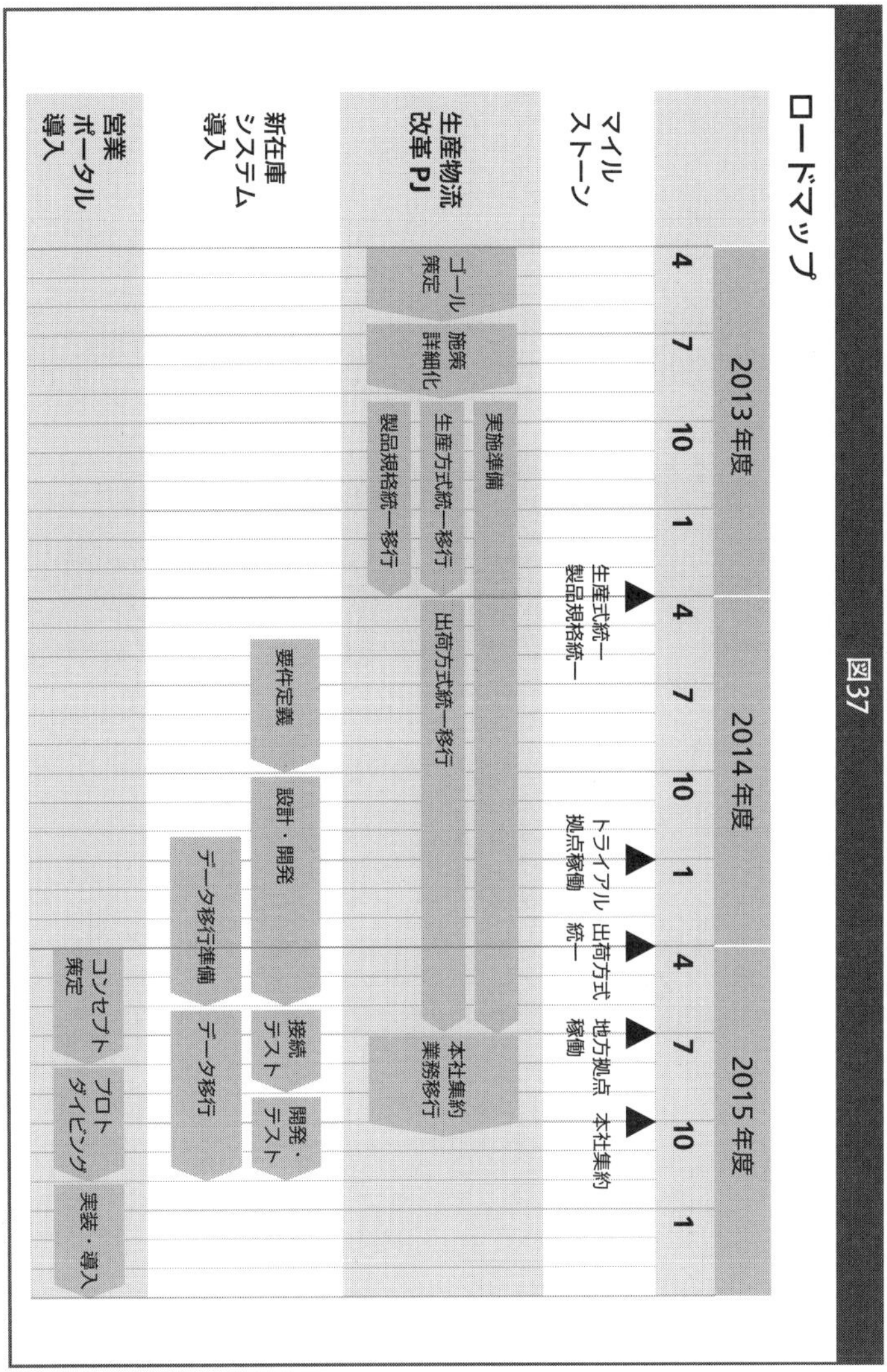
2013年度
2014年度
2015年度
4
7
10
1
マイルストーン
生産物流改革PJ
新在庫システム導入
営業ポータル導入
ゴール策定
施策詳細化
実施準備
生産方式統一移行
製品規格統一移行
出荷方式統一移行
本社集約業務移行
生産式統一 製品規格統一
トライアル拠点稼働
出荷方式統一
地方拠点稼働
本社集約
要件定義
設計・開発
接続テスト
開発・テスト
データ移行準備
データ移行
コンセプト策定
プロトタイピング
実装・導入

「具体的にこれをいつまでに誰がやる」に落とし込まなければ組織は動かないからです。

会社としてやるべきことのうちＩＴ投資を必要とするもの、ＩＴ部門として取り組むべきことをすべて書き出し、優先順位を決め、担当者と期限を書き込んだ表が施策一覧です。これに掲載される施策は、各部門から挙げられた改善要望もあれば、基幹システムの式年遷宮のように、全社で取り組むべき大物もあります。

施策は数多く挙がりますが、第5章で論じたように人材は限られていますから、どれに最優先で取り組むかについて、激論が交わされます。立場が違えば優先すべきと考える施策も違うでしょうから、当然です。「ウチの部門は……」と主張し合っても絶対に合意できませんから、結局のところは「会社全体として、何がベストか」という経営幹部の視点で議論するしかありません。第6章で取り上げた「ＩＴビジョン」を共有できていれば、会社全体にとってのベストを決める際に役に立つことでしょう。

施策一覧に時系列をつけて表現した図がロードマップです。優先度だけではなく、「保守サービスが受けられなくなるので、○○年までに新しいＩＴに引っ越ししなければ」「来年、関係会社同士の合併が予定されている」などのさまざまな前提条件を加味して、開始時期決めることになります。

もうひとつ考慮すべきは、プロジェクトが重なりすぎないことです（図38参照）。貴重な

図38

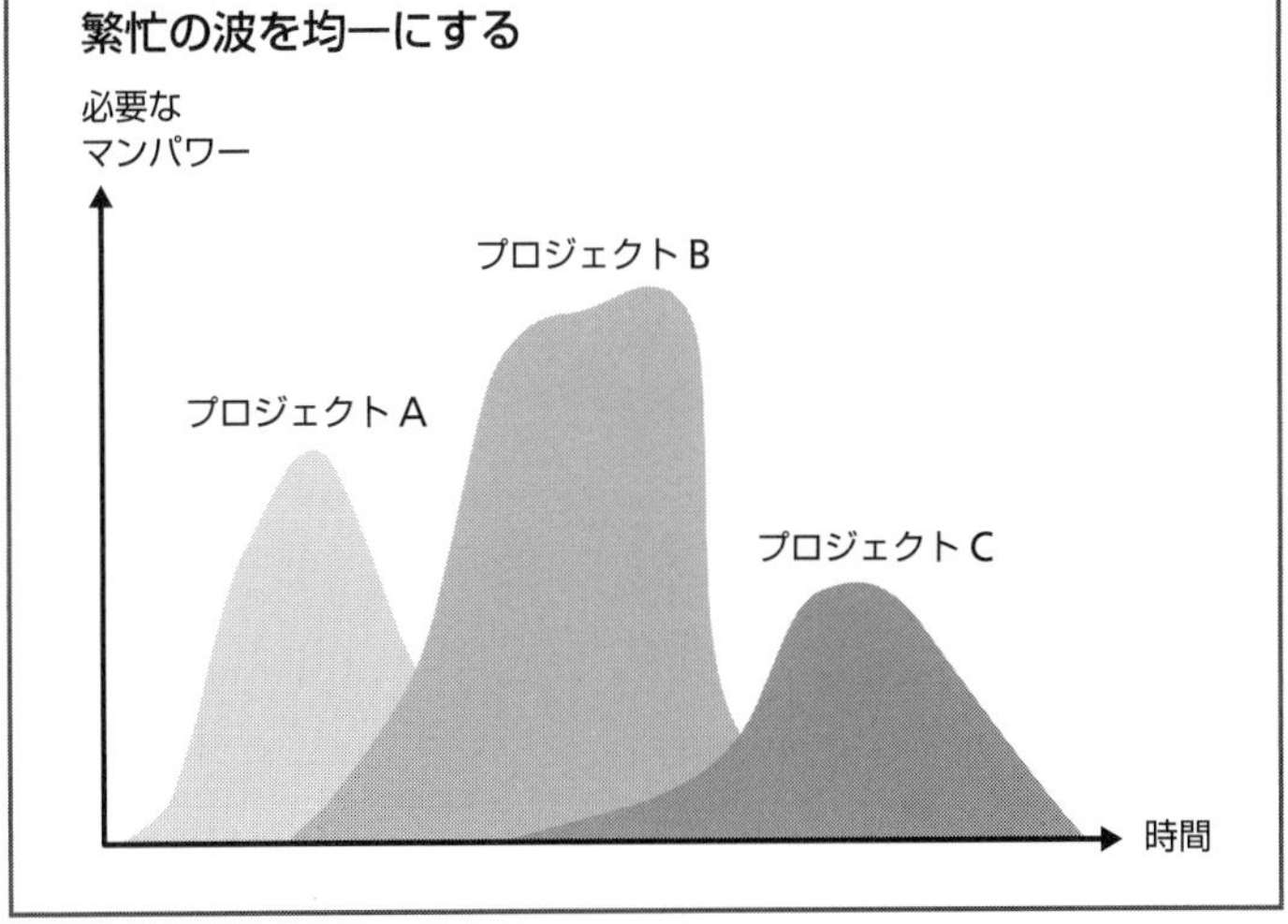

ＩＴ人材の負荷を平準化するという意味でも、投資を平準化して経営を安定させる意味でも、プロジェクトの繁忙の波が重ならないように将来計画を立てる必要があります。もちろんビジネス環境が変われば見直しが必要なのですが、変更するにも叩き台があるべきでしょう。

こういった長期計画を元に日々の判断を下せるようになれば、もうすぐ再構築するシステムのハードウェアにお金をかけて更新してしまったり、一部のユーザーの声に従ってやたらと凝った機能を作り込むという無駄（全社非最適）を防げます。

この章では、会社のＩＴを長期的な視点で考え、育てていくことについて考えました。その時々で最適な道具をとっかえひっかえすればよいツール型ＩＴと違って、プラント型ＩＴは長い時間をかけてビジネスを支え、補修しながら進歩させていくものです。その際に重要になってくるのは、

①目先ではなく、長期のメリット・デメリットを考えること
②時に損得を超えて、信念にもとづく投資を決断する

という姿勢です。もちろんこれらは本来経営幹部が決断すべきことです。ですが、嘆かわしいことに「俺、10年後には会社にいないから」などと、長期の視点でものを考えることを放棄している幹部が多いのも事実です。だとしたら、ミドル（課長、部長級）であっても、今後の会社を担うためにＩＴの長期構想について主体的に考え、経営幹部に提案し、具体的な仕事として実行してくことが必要でしょう。次の最終章で、そのためにやるべきことを改めて考えます。

第8章

そして、経営の足かせを武器に変える

図39

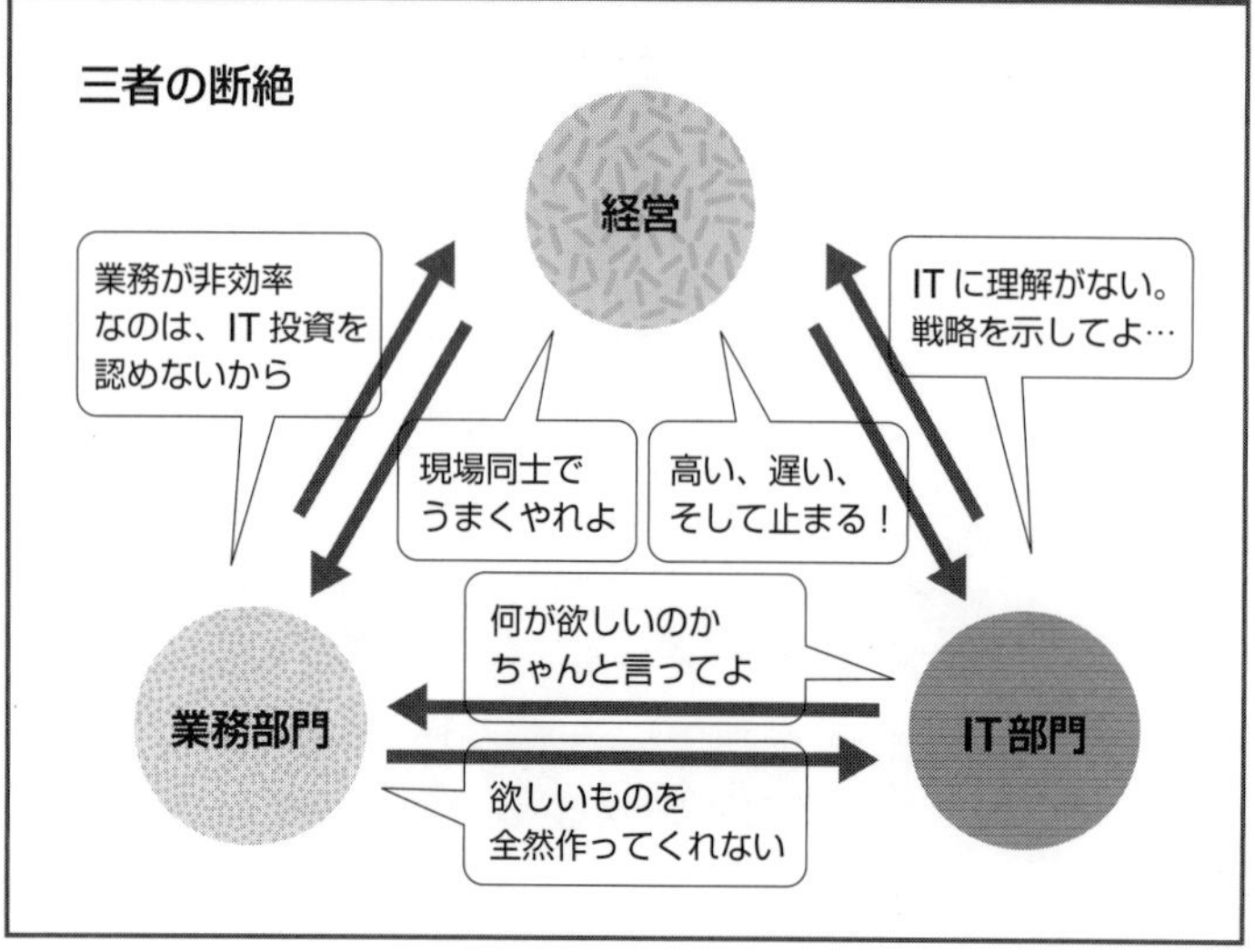

経営、業務とITの断絶

さて、この本も最後の章になりました。これまでITプロジェクトの特徴、ITのお金、IT人材、ITビジョンなど、エンジニアでなくとも押さえておきたいツボをお話ししてきました。

ここでいま一度、わたしがこの本を通して主張したかったことを確認したいと思います。

①会社の命運を左右するプラント型ITを育てる仕事はコア業務である

②そのためには、経営・業務・ＩＴの三者の協力が絶対に必要

ところが実際には、三者の間には大きな断絶があり、これだけＩＴが大事だと言われていても、埋まる様子はありません（図39参照）。三者が協力するうえで、一番の障害がコミュニケーションの断絶です。経営幹部や業務担当はＩＴエンジニアに対して「日本語で喋れ」「遅い、高い、トラブルの三拍子」などと思っていますし、一方のＩＴエンジニアは「どうせ俺たちは信用されていない」「おとなしく言われたとおりに作ればいいんでしょ。でも本当にこれ使うの？」と心の中で呟いています。

この断絶を乗り越え、よきＩＴをともに作っている事例を紹介し、この本の結びとしましょう。

まずは財布の紐を通じて、忌憚なく議論する

ＩＴエンジニアから見ると、財布の紐（予算）を経営幹部や業務担当者に握られ、必要

な投資ができないのはもどかしいものです。とは言え、コミュニケーションの断絶を解消するために経営幹部や業務担当者の立場から最初に取り組むべきことは、予算をきっかけにＩＴ部門としっかり議論することです。具体的には、ＩＴのことはわからないからと言って、ＩＴの予算や投資計画にいいかげんに判を押さないことです。

なぜか。それは財布の紐、つまりお金の世界は、経営幹部や業務担当者のホームグラウンドだからです。いくらＩＴがわかりにくいと言っても、すべての活動はお金に表れます。そして会社である以上、すべてのお金の流れを経営幹部は押さえることができます。理解できないからといって手放さない限り、財布の紐はすでに握っているはずなのです。

財布の紐を握るといっても「ＩＴ投資をとことんまで削減しろ」という話ではありません。ＩＴ部門の予算や投資を決裁する際に妥協せずに何度でも、「俺がわかる言葉、経営者が経営判断に使う論理で、何度でも説明してくれ」と言うべきです。わたしがこれまでお付き合いした優れたビジネスマンは皆「自分なりの経営感覚」をお持ちでした。重要な判断が必要な局面になると、「俺はこういう考え方をしているんだが、なぜ今回のＩＴプロジェクトではそこから外れているのか？」などと鋭く問いかけてきました。わたしたちはＩＴプロジェクトをリードする立場から、その考え方に沿ってプロジェクトについて説明したり、この本に書いたような「ＩＴ側の論理」を一生懸命噛み砕いて説明します。

あなたが業務担当者であれば、「この投資であるべき業務に近づくのか」「もし予算を2割カットしてもこのプロジェクトは成り立つのか。そのために我慢すべきは何か」「逆に2割余計に使っていいなら、どこがよくなるのか」などと問い続け、ともに考え続けるということです。そして納得してから、承認のハンコを押してください。

こういう対話を粘り強く続けることは、プラント型ITをきちんと作り、長い期間運営していくためにはどうしても必要な手間です。もちろんプロジェクトをやっている側としても、全社最適の観点でプロジェクトを俯瞰するよい機会になります。

この本に書いてあるITプロジェクトの特徴や、ITがなぜ高いか、不確実性にどう付き合うか、などの考え方が、それらの会話のベースとなるはずです。従って「まったく話が噛み合わずに、議論が空中分解してしまう」という事態は防げるでしょう。

某社のIT戦略会議

経営幹部がITについて理解し、正しく経営判断するための優れた試みとして、ある会社で実際に行なわれているＩＴ戦略会議の事例を紹介しましょう。

会議の参加者は社長をはじめとする取締役と、経理や購買などの関係部門の長で、年２回の開催です。議題は、①ＩＴ費用の３層レビュー、②大型プロジェクトの状況報告、③個別テーマ、の３部構成となっています。順に説明します。

◉議題①：ＩＴ費用の３層レビュー

この会社では、ＩＴに関する費用／投資を３階層に分けて管理しています。

(a)既存ＩＴの継続

ハードウェアの保守費用やネットワーク回線、クラウド使用料やソフトウェア・ライセンスなど、特に新しいことをしなくても、事業を継続するだけで必要となるお金。

(b)既存ＩＴの改修

すでにあるＩＴを改修するためのお金。法制度が変わることへの対応やユーザーからの要望の反映など。

(c)戦略投資（新規プロジェクト）

新事業に使うＩＴ構築や大規模な再構築への投資。この会社では、５、６年先まで戦略投資のロードマップが引かれています。

この3階層ごとに費用の変動（各事業部への配賦額の変動）や今後の見通し、ＩＴ以外の大型投資との間の優先順位の調整などを行ないます。

3階層ごとに議論を分けるのは、論点がそれぞれ違うので、うまい方法です。「既存ＩＴの継続」であれば、あまり利用していないシステムの廃止や、ハードウェアの仮想化などの取り組みが論点になります。数年にわたってコストの増減を追い、コスト低減策がうまくいっているかをチェックすることも有効でしょう。一方「戦略投資」であれば、そもそも必要な投資なのか、タイミングはいつがいいのか、工場建設や海外進出などＩＴ以外の戦略投資との優先順位の検討などが議論の中心になります。

ＩＴオンチの経営幹部は、ＩＴコストをブラックボックスのように感じ、「よくわからないが、とにかくもっと安くならないのか！」となりがちです。そこで、コストをさまざまな切り口で分類していくことで、見えなかったＩＴコストが少しずつ理解できるようになります。お金の流れや構造がわかれば、どこにコストをかけるべきで、どこを下げるべきなのか、議論できるようになってきます。その第一歩としても、この3階層の分類はよい道しるべになるでしょう。

◉議題②：大型プロジェクトの状況報告

特に大きい全社横断的なプロジェクトについては、この会議で状況を報告します。ＩＴプロジェクトがいざ走りだすと、関心を持つのは関連部門の役員だけ、という会社は多いものです。ひどい場合は当の役員すら無関心で、ＩＴ部門に任せ切ってしまうケースもあります。そうした会社に比べると、そもそもＩＴプロジェクトを人ごとではなく自分たちの経営の問題だと考えています。

もうひとつの隠れた目的として、こういった場で、経営幹部が難しい大型プロジェクトの疑似体験することが挙げられます。将来ＩＴプロジェクトのオーナーになるための予行演習なのです。

◉議題③：個別テーマ

例えば「全社でクラウド化を進めた結果、コストはどの程度削減され、各事業部への配賦コストはどう変わったか」といったテーマが議論されます。テーマは毎回ひとつ、ＩＴ部門が設定します。理解や議論に必要とあれば、入門レベルの技術的な説明もします。自社でサーバーを持つことのメリット／デメリットやコスト構造、考慮すべきリスクなど、経営判断に必要な技術情報です。

こういった個別テーマを通して、会社とＩＴの関係を俯瞰できます。個別の大型投資については、経営会議で議論はしているのでおおよそ把握はしていても、「結局、我が社のＩＴは全体としてどうなっているのか」という全体像を持つためには、こうした定期的な議論の場が適しています。

◉形式的な報告会ではなく、議論の場

この事例をお聞きしてわたしが感心したのは、よくある一方的で眠くなるような報告会ではないことです。ほとんどの役員が「ＩＴは大事だし、自分の事業への損益インパクトが大きいからチェックしたい」「最低限は理解しておきたい」と思ってくれています。

また、社長から役員に対して、ＩＴ部門にしっかり協力するように、主体性を持つように、と指示が飛びます。この本で強調した「ＩＴの構築と運営には経営の関与が必須」というメッセージはどうしてもないがしろになりがちですが、社長に直接指示されてはそうもいかないでしょう。

またこのような議論を通じて、ＩＴが自分たちの事業にどのように貢献しているのか、事業の経営者が何を決断すればコストを削ることができるのか、土地勘ができてきます。総じて、経営幹部全員が「ＩＴを自分ごととする場」として、とてもうまく運営されてい

ます。

全社戦略とIT戦略はニワトリとタマゴ

経営の教科書には「全社戦略がまずあり、それに基づいて人材戦略や資金調達の方針、IT戦略を立てて……」と書いてありますが、これは実態に合わない建前だとわたしは思っています。もう少し丁寧に言うと、「全社戦略↓IT戦略」とブレイクダウンできる会社と、できない会社があるのです。

わたしたちのお客さんとIT戦略について議論していても、住宅設備や自動車などの製造業では、比較的全社で目指すべき方向が明確で、ITビジョンも「全社戦略をIT面でサポートする」という方向で考えやすいと感じます。例えばトイレやユニットバスなどの水回りを得意とするTOTOでは、20年前から「新築からリモデル（改装）へ」というテーマを掲げ、産業構造が変わっていくのに従って、ビジネスもITも徐々に変化させてきました。近年では海外売上比率を上げることに全社で取り組んでいますから、ITにとっても海外進出をどう支えるか、が大きなテーマとなっています。

一方で、流通やサービス業は経営環境が5年でかなり変化してしまいます。例えば通販業界の場合、注文を受けるメディアの比率は15年前だと「電話：ハガキ：ネット＝7：3：0」でした。いまでは「電話：ハガキ：ネット＝2：2：6」になっています。このように、むしろＩＴの発達によってビジネスのあり方が変わっていますから、全社戦略↓ＩＴ戦略と考えていくこと自体、ナンセンスと言えます。

製造業でも、競争と変化が激しい業界もあります。例えば、ある消費財メーカーでは、主力商品の業界シェアが30％以上あった10年前には「つつがないオペレーションを支えること」がＩＴに求められました。全国津々浦々に主力商品をきちんと届けるだけでひと苦労だったのです。しかしシェアが下がってしまったいまとなっては、ＩＴには「よりローコストで効率のよいオペレーションができること」が求められています。つまり徹底した在庫管理や、月次ではなく週次・日次で売上げを把握することで、全社を無駄なく動かし、利益を確保する。そういった微妙な舵取りをするための情報提供や細かい業務管理こそが、ＩＴに求められています。

また、業界によらず急成長中の会社は、日々の判断の基準となるような全社戦略を立てにくい状況と言えるでしょう。会社によっては、「売上げ30％アップで、５００億企業へ！」

といった目標・スローガンのようなものはあっても、そもそも全社戦略と呼べるような指針がないケースもあります。そうだとしても、プラント型ITには長期の視点が欠かせませんから、何らかのIT戦略を見出す必要があります。

つまり、「全社戦略にもとづいて、ITを作っていく」というケースと、「ITの進歩により、全社戦略自体が変わる」「全社戦略が不明確で、IT戦略を考える際に参考にならない」というケースの両方があり得ます。自分の会社がどちらなのかは、業界や企業の発展段階によって変わるのです。

幸か不幸か、自分の会社の全社戦略があてにならない時は、どうしたらよいのでしょうか。ないものねだりしていても仕方ありませんから、社長とIT部門長が一緒になって全社戦略とIT戦略を同時に作るしかないでしょう。

わたしの同僚に、あるサービス業の情報システム部長として、小さかったその会社が成長し、上場するまでを見届けた経歴を持つコンサルタントがいます。彼はよく「全社戦略に先んじてITビジョンを明確にできないようだと、CIO（IT担当役員）は務まらないね」と言っています。

まず、会社の成長スピードやITトレンドなどを考えたうえで、4、5年先の変革プロジェクトの候補をリストアップします。例えば「ビジネス・インテリジェンスとして、社内のさまざまな情報集め、経営判断に活用できるようにすべきだろう」「ERPパッケージを使って、各部門でバラバラだった情報を統合して経営する時代がくるだろう」といった感じです。それを役員会議や個別に飲んだ時などに、ちょくちょく耳に入れていきます。何年も言っていると、役員の間に共通認識ができていき、いつしか全社戦略に組み込まれていく仕掛けです。その頃になると会社の成長や技術の発展も追いついてくるので、ITプロジェクトを開始できる状態になっています。

日本企業では、戦略やビジョンを作る仕事を誰がやるのか明確になっていないケースも多いですし、決まっていたとしても、その人に立案能力があるとは限りません。特にITの場合は経営、業務、ITの三者が協力して作るのですから、ビジョンの叩き台を作ったり、語り合う場をセッティングするのは、誰がやってもいいはずです。「全社戦略が先か、ITビジョンが先か」というのは、どこか「ニワトリが先か、卵が先か」という議論に似て、不毛な香りがします。どちらが先でもいいので、誰かがキックして議論を始めることが肝心でしょう。

ＩＴビジョンを巡る議論が、断絶を埋める

わたしたちが支援した、ある会社のＩＴビジョン作りの事例を紹介しましょう。その会社でもご多分に漏れず、

● 業務部門や経営からは「ウチのＩＴは遅いくせに高くて不安定だ」と言われっぱなし
● 便利なツール型ＩＴをユーザーからは期待される
● 一方で、プラント型ＩＴの不安定さや高コスト体質にも手を打つ必要がある
● ＩＴ部門としても、ビジネスをＩＴでどう支えるのか、迷いがある
● 経営環境は変化が激しく、ＩＴビジョンを考える際に頼れる全社戦略はない

という状況でした。

そこで、業務部門や経営幹部を広く巻き込んで、ＩＴビジョンを明確にする議論を始め

ました。まずはＩＴという垣根を取っ払って「そもそも、ウチの会社のビジネスモデルの全体像はどんな感じか」を語り、絵やマトリックスで表現します。そのうえで「なぜ、ＩＴが遅くて高くて不安定なのか」を忌憚なく言い合いました。もちろん初めは業務部門は「ＩＴ部門がイケテナイから」と思っていますし、ＩＴ部門は「業務部門がワガママばかり言うから」という具合ですが、時間をかけてオープンな議論をしていくと、必ずしも相手がダメだからではないことを理解し合えました。

そしてついには、明示的に売上増加につながらないが、ＩＴを今後もヘルシーに使っていくためには必要な投資に合意することができました。これはＩＴ部門としては、将来を見据えた、長い間の悲願だった投資です。短期的な売上増加にしか興味を持ってくれなかった経営や業務部門も、ようやく式年遷宮に似たタイプのプロジェクトの価値を理解してくれたというわけです。その大型投資も含め、6、7年先までの投資サイクルをロードマップとしてまとめることができました。

ところで、この取り組みの最終成果物はロードマップなのですが、この会社が得たものはそれだけではありません。まず、ＩＴ部門自体が変わりました。以前は「さまようＩＴ部門」といった趣きで、業務部門からの注文にすべて愚直に答えようとし、時間とお金が足りずにすべてが中途半端、という状態でした。ＩＴビジョンの議論をした後では、目指すべき姿が明確になっていますから、判断に迷いがありません。個々の仕事の優先順位もはっきりしていますから、アグレッシブなＩＴ部門に生まれ変わりました。

そのひとつの例として、ＩＴビジョンの説明会が挙げられます。説明会には自社の社員はもちろん、お付き合いのあるＩＴベンダー各社が招かれました。そこで「我々が進む方向はこっちだ。これに沿わない（ベンダーのひとりよがりな）提案は、お互いに時間の無駄だからしなくて結構」、「その代わり、自社の製品／サービスを使って一部でもこのビジョンの推進に貢献できるならば、どんどん提案してきて欲しい。他社がやっていない取り組みも、ともにチャレンジしよう」と呼びかけました。まさに「全社のイノベーションの先頭に立つＩＴ部門」と言えるでしょう。

もうひとつの大きな成果は、経営や業務部門とＩＴ部門との関係性です。ＩＴ部門長も社長とじっくりとＩＴの将来について語り合ったのは今回がほぼ初めてでした。いまでは、両者ともがその重要性を理解し、毎月、腰を落ち着けて議論する時間をもらっています。

現場レベルでも、全社を横断した業務部門との議論は、とてもよい機会になりました。ビジネス上、何を重視すべきかの理解も深まりましたし、気軽に机まで行き、議論できる人間関係もできました。何より、「ともにＩＴを育てる同志」という感覚を共有できたのが大きかったようです。ＩＴエンジニアは、褒められることの少ない仕事です。ＩＴは止まらずに正しく動いて当たり前。自分たちの仕事がビジネスにどう貢献しているかも実感しにくい。そうした状態でモチベーションを高く保つのは容易ではありません。「ITビジョン作りを通して、業務部門と深い話ができたことが一番の収穫だった！」と口々に言う背景には、こうした地味な日常があるのです。

競争力がある会社を作るためには、経営や業務とITの断絶を埋める必要があります。しかし、経営者が「今日から対話をしたまえ」と訓話したところで、この根深い断絶は埋まりません。この章で紹介した、ITビジョン作りやIT戦略会議を積み重ねること、そして一つひとつのプロジェクトを経営・業務・ITの三者で乗り越えること。こうしたことをやっていくことで、徐々に断絶は埋まっていきます。

ITを育てる仕事はコア業務である

さて、会社とプラント型ITを巡るお話もそろそろおしまいです。

この本の元になったレクチャーを経営幹部の方々にしていると、何人かの方々から「言っていることはよくわかりました。確かに、ウチの会社でもできていないことが多いです。でも、しんどい話が多いんですよね。こうすれば明日からよくなる！　という特効薬みたいなのはないんですかね？」というコメントをいただきました。

「すみません、特効薬はありません」というのが、わたしからのいつもの答えです。「これさえ買えば効果が！」というセールストークが通じるのは、ツール型ＩＴだけです。本当に会社の命運を決める、プラント型ＩＴを育てるのは、血肉を育てるような、成人病にならない体を作るような、アスリートが己の肉体を鍛えるような、もっと地道な活動です。

だからこそＩＴエンジニアだけでなく経営・業務に関わる人が、この本に書いたようなＩＴの本質について考え、ＩＴに関する一つひとつの判断を変えていくことが大事なのです。プロジェクトリーダーを育てるような人事異動。長期的視野の予算配分。プロジェクトへのシビアな投資判断。青臭いＩＴビジョンを語る場を作る。そういう地味なことが勝負を分けます。実際に、この章で紹介した会社がやっていることです。

そういった一つひとつの積み重ねが、会社に変化をもたらします。仕事のやり方が変わり、経営判断に使うデータの質が上がり、サービスがきめ細やかになり、業務効率が上がります。自分たちでは実感しにくいのですが、しばらく経つと、他社がすぐには追いつけない決定的な差になります。メタボの人が筋肉質のアスリートには決して勝てないように。

最後に、プロジェクトの本当の成功とは何か

お金の話、人材の話、ビジョンの話と、ケーキの土台（スポンジ）の部分について長くお話をしてきましたので、最後にもう一度、その上にのったイチゴである、一つひとつのプロジェクトの成功と失敗について考えましょう(図40参照)。ITによってビジネスを変え、ITが会社に利益をもたらすためには、結局は一つひとつのITプロジェクトが成果をあげる必要があるからです。

一般的に、ITプロジェクトの成功は「予め決められた、品質と予算と納期を守り、プロジェクトを完了させること」と定義されます。いわゆるQCD（Quality, Cost, Delivery）ですね。わたしたちケンブリッジ・テクノロジー・パートナーズは高いプロジェクト成功率を誇りにしていますが、わたしたちが客観的に成功率を測定する際にも、この基準を使っています。

ところがふと自分を振り返ると、「予め決められた、QCDを守ろう」なんて、プロジ

図40

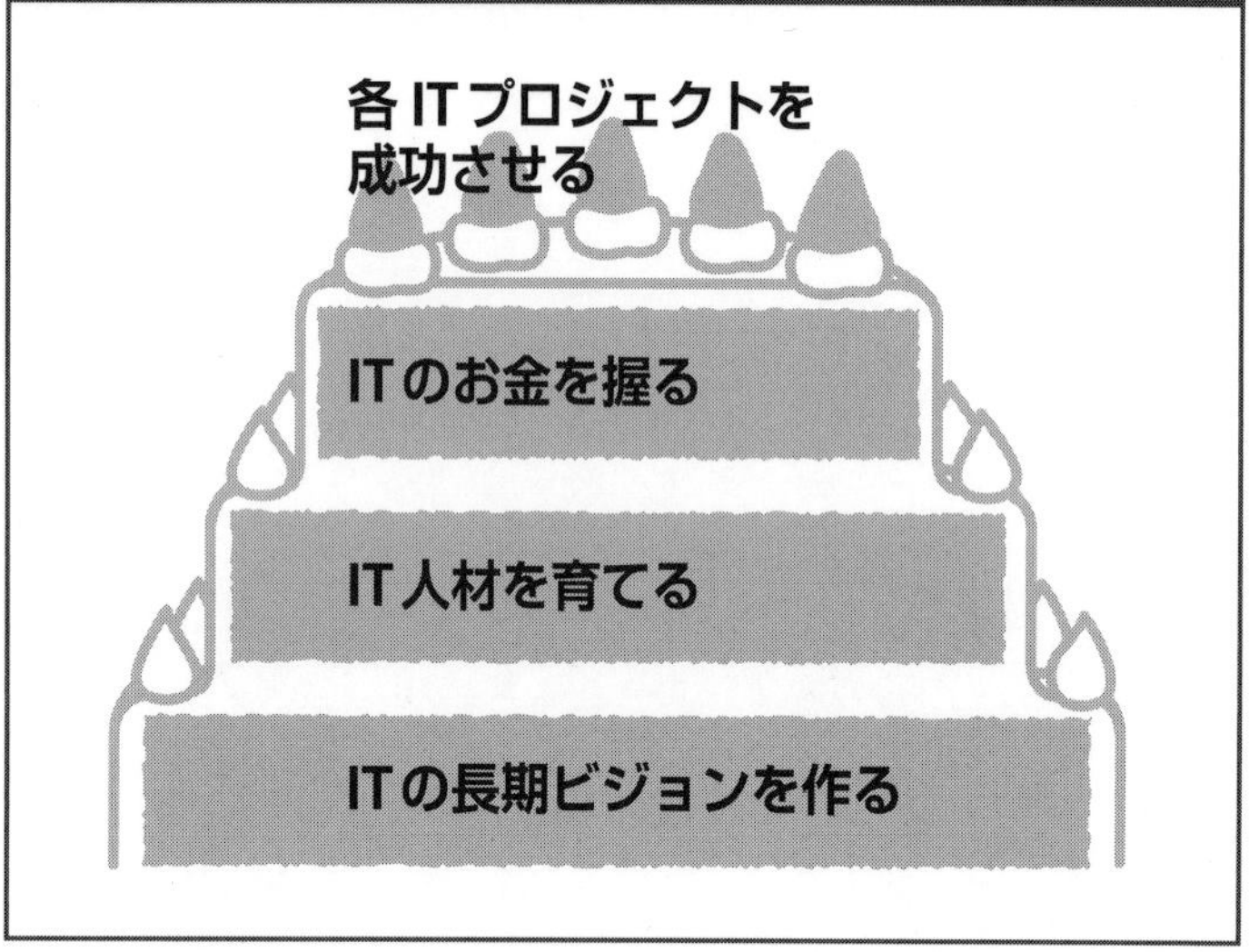

エクトをやりながらまったく思っていないことに、気がつきました。数年前のことです。実は、この定義で語られているプロジェクトの成功は、とても受け身なモデルを前提としているからです。

「予め決められた」って、いったい自分以外の誰がＱＣＤを決めてくれるのでしょうか。そして、それが経営の観点から見て、正しくなかったらどうするのでしょうか。「予め決められた、ＱＣＤを守る」というのは、あくまで決められた路線に乗っかって、ＩＴの構築だけを依頼された人が目指す目標です。「この会社にとって、最適なＩＴとはどんな姿だろうか」を経営目線で考え、成功の基準自体をお客さんと一緒に考えるわたしの仕事とは、乖離しているのです。

ちょっと抽象的な話なので、何度か取り上げた古河電工での業務改革&IT構築のプロジェクトを例に説明しましょう。あのプロジェクトをQCDの評価軸で考えると、実は完璧な成功とは言えません。

Q（品質）：システムを稼動させた当初はシステムの不具合が多く、対応に追われましたし、多くの社員に迷惑もかけました。稼動当初に限れば、品質は高いとは言えません。

C（コスト）：予算は守りました。ただし、予定よりかなり多くの人をプロジェクトに巻き込みました。これはいいことですが、隠れた人件費がかかっているとも言えます。

D（納期）：システムの稼動が関係会社の上場要件となっていたので、さまざまなことに目をつぶりながら、納期は必死に守りました。とは言え、上場に関係のない一部の機能を先送りするなど、苦しいやりくりをしていますから、この面でも100点は取れません。

つまり「予め決められたQCDを守る」という定義を厳密に適用すると、成功と言えるのか、怪しいプロジェクトです。しかし、10年経ったいまになっても、あのプロジェクトを失敗と言う人はひとりもいません。参加したメンバーは全員「大成功だった」だと思っていますし、古河電工の当時の社長も「これほど成功したのだから、きちんと本として残しなさい」と言ってくださったのです。いったい、どういうことでしょうか。

それは**決められたQCDを守ることなどより、ずっと大きなことを成し遂げたプロジェクト**だったからです。成し遂げたことを5つ、リストアップしてみましょう。

①業務効率を40％以上向上させたり、ドラスティックな連結経営の基盤を作ることができた。つまり、経営的な成果が非常に大きかった。

②業務や役割分担や古いＩＴを大幅に変えるという、老舗大企業としてはかなり困難なチャレンジをやり遂げた。しかもグループ30社を巻き込む、大規模な変革に発展した。

③作ったＩＴは当初不具合が多かったが、柔軟性や保守性、長期コストなどの観点からは非常に高い品質だった。

④業務担当やＩＴ部門はもちろん、コンサルタントやＩＴベンダーも含め、参加したメンバー誰もが、プロジェクトを通じて大きく成長した。

⑤10年経っても語り継がれる伝説のプロジェクトとなった。業務改革プロジェクトのスタンダードを変えた。

つまり「ＩＴの作り手としての成功」を大きく超えた「経営目線での成功」を成し遂げ

たプロジェクトだったのです。

あのプロジェクトが終わってもう何年も経ちますが、いまだにわたしはあのプロジェクトのような「経営目線での成功プロジェクト」を作ることを目指し続けています。それなりにうまく作れることもあれば、正直言って全然うまくいかないこともあります。プロジェクトとは、本当に奥が深く、難しいものです。

そして、プロジェクトをやる度に思うのは、**経営目線での成功プロジェクトを作れるかどうかは、わたしたちコンサルタントではなく、経営幹部次第**だということです。これを認めるのは、コンサルタントという職業柄、非常に悔しいのですが、本当のことです。

優れたＩＴエンジニアを連れてきて、いい仕事をしてもらうことはできます。業務担当者を巻き込み、ともに理想の将来業務を語り合うこともできます。プロジェクトリーダーとして三者の中心に立ち、ひとつの方向にプロジェクトを引っ張ることもできます。ですが、経営幹部の考え方がしっかりしていない限りは、プロジェクトは迷走してしまうのです。わたしたちコンサルタントにできるのは、経営幹部が正しい判断をしてもらえるように、説得することくらいです。古河電工プロジェクトの成功も、経営幹部の方々の信念があったればこそです。

書店のＩＴコーナーに行くと、「品質・納期・予算を守ってＩＴプロジェクトを成功させる方法＝プロジェクトマネジメント」に関する本が、書棚まるまるひとつ分くらいはあります。それも確かに重要なスキルなのですが、形だけQCDを満たして「ITは言われたとおりに作ったけど、業務担当が使いこなせていないんだよね〜」などと言っていても、ITは会社の武器にはなりません。単にITエンジニアの自己満足になってしまいます。

この本では、ITを会社の武器にすることに成功している会社のエピソードを数多く紹介しました。そういう会社がなぜうまくいっているかをよくよく聞いてみると、社長が過去にITプロジェクトで苦労したり、ビジネスに必要な「情報」について考え尽くした経歴を持っていることがほとんどでした。自分で苦労しながらITを深く理解しているので、適切な指示を出すことができ、ITが足かせになってしまうのではなく、経営の武器として使いこなせているのです。

とは言え、現実にはそんな経歴の社長ばかりではありません。もともとITに関わらなかった社長であっても、これから幹部になるかもしれない一業務担当者であったとしても、ITの本質について理解し、三者で「会社への活かし方」を議論すること。それが本当の意味で、会社でITプロジェクトが成功し、成果をあげるための唯一の道です。

その唯一の道を進む道しるべとなるように、この本を書きました。あなたの会社でプラント型ITがよりよく育ち、会社の武器になるための一助になれば、と願っています。

あとがき

この本の企画を考え始めた当初は、もっと楽に書ける本をイメージしていました。例えば「プロジェクト成功への50か条」みたいな本とか。自分はよく知っていて、いまさらこんなこと書くの？　というくらいの内容のほうが、幅広い読者のニーズに合致しているようですし。

一方で、「業務改革であれIT構築であれ、プロジェクトの成功は結局のところ、コンサルタントではなく、経営幹部や業務担当者の皆さんが、ITの本質についてしっかりと理解してくれていることにかかっているんだよなー」という実感は年々強くなる一方で、なんとかしたいとも思っていました。本当に必要なのは断片的な「小技」ではなく、本質的な理解なんだと。

インターネットには「発注者が馬鹿だから、理解不足だから、仕事やってらんねーよ」という匿名ITエンジニアの愚痴が溢れています。わたしも経験があるので、そういう気持ちはよくわかりますが、ネットや新橋の焼き鳥屋で内輪の愚痴を言っていても、状況は改善しません。本当にITのプロなのであれば、言葉を尽くして、ともに働く人々にIT

について説明すべきなのでは……。

そんな時に「はじめに」に書いた新社長就任のエピソードや、別の社長さんとの一連の対話など、いくつかのきっかけがあって、「ああ、この方々にＩＴの本質についてきちんと説明する本が必要なんだ」「というか、社長になってからじゃ遅いし、現場で活躍するのは普通のミドルマネージャーなのだから、そういう人々にこそＩＴについてわかってもらわないといけないんだ」という思いを強めていきました。そしてそれは同時に、自分の退路をどんどん断っていくことでもあり、もともと考えていたよりもずっと刺激的な挑戦になりました。どんな領域であれ、表面ではなく本質的なことを、門外漢の方々でも理解できるように書くのは、大変難しいものですから。そうして何度も書き直しながらできあがったのが、この本です。


多くの方のご協力があって、この本を書くことができました。まずはプロジェクトでご一緒させていただいているお客さんたちへ。いつも多くの示唆をありがとうございます。

特に、「経営とＩＴ」の議論に2日間ミッチリとお付き合いくださった、ケンブリッジ・プロジェクト・ファシリテーション研究会の方々には格別の感謝をしたいと思います。

また、この本の元となったプレゼンテーションを聞いたり、初期の原稿を読んでフィードバックをくださった方々、本当にありがとうございました。「確かにそのとおりだと思うし、我が社もできていないんですが、救いがないんだよね〜」とか「この辺、門外漢にはピンときません」とストレートに言っていただいたおかげで、舌足らずなわたしの原稿をずいぶん直すことになりました。

編集を担当してくださった、ダイヤモンド社の久我さん。言いたいことがありすぎて整理できていなかったわたしにとって、「読者にとってのメリットがまっすぐ伝わるようなタイトルを、まずは考えてください」という久我さんの問いかけが、道標になりました。

最後に、愛する妻と娘に。いつもありがとう。

◉読者の皆さんへ

ITの専門家ではない方に向けて、最低限かつ本質的な知識を提供するための本ですので、極力専門用語やITエンジニア特有の考え方を使わずに書きました。とはいえ自分の専門分野ではない本を読むと、素朴な疑問、著者に言いたいこと、モヤモヤしていることなどが、読みながら浮かぶのは自然なことだと思います。ITエンジニアの読者も、俺の意見は違う、俺はこんなことで苦労している、などと言いたいことがあると思います。

幸いSNSの発達で、著者と読者の垣根はものすごく低くなりました。いくつかコミュニケーションの方法を書いておきますので、お好きな方法でコンタクトしていただけるとうれしいです。

①ツイッターアカウント：@mshirakawa

ツイッターのヘビーユーザーなので、気軽にコメントいただければ、わたしからも気軽に返信します。また、感想などはハッシュタグ「#ITはエンジニアに任せるな」をつけてツイートしていただけると、見つけやすいので助かります。

②ブログ：プロジェクトマジック http://blogs.itmedia.co.jp/magic/

2011年からこれまで、200弱の記事を書いてきました。この本を楽しんでいただけたなら、ブログの他の記事も気に入ってもらえると思います。

③本書の情報サイト

本書についてのさまざまな情報や書評ブログへのリンク、感想インタビューなどを掲載する情報サイトを開設予定です。書名で検索するか、http://www.ctp.co.jpからたどってください。

④メール IT_kansou@ml.ctp.co.jp

SNSは使い慣れていないとか、もう少しクローズなほうがいい方は、直接メールしてください。以前に本を出した時も、会社で取り組んでいることや悩みなどをメールしてくださった方が多く、うれしかったですね。
最後まで読んでいただき、ありがとうございました。

2015年10月

白川　克

参考文献

●栗山敏『情報システムを成功に導く経営者の支援行動――失敗する情報システム構築に共通する社長の行動』(白桃書房 2013年)

●清水亮『教養としてのプログラミング講座』(中央公論新社 2014年)

●新生銀行Jメソッドチーム『ITに巨額投資はもう必要ない――600億円の基幹システムを60億円で構築したJメソッド導入法』(ダイヤモンド社 2011年)

●日経コンピュータ『システム障害はなぜ二度起きたか――みずほ、12年の教訓』(日経BP社 2011年)

●マーチン・ファン・クレフェルト『補給戦――何が勝敗を決定するのか』(中公文庫 2006年)

●ジェラルド・M・ワインバーグ『プログラミングの心理学――または、ハイテクノロジーの人間学 25周年記念版』(毎日コミュニケーションズ 2005年)

●楠木建「ITを再考する――経営にとって敵か味方か」(NIKKEI NET ITニュース 2004年)

●関尚弘、白川克『反常識の業務改革ドキュメント――プロジェクトファシリテーション[増補新装版]』(日本経済新聞出版社 2013年)

●白川克、榊巻亮『業務改革の教科書――成功率9割のプロが教える全ノウハウ』(日本経済新聞出版社 2013年)

■著者略歴

白川　克（しらかわ・まさる）

ケンブリッジ・テクノロジー・パートナーズ㈱ ディレクター。

一橋大学経済学部卒。中堅ソフトハウスでシステム開発を経験後、2000年ケンブリッジ・テクノロジー・パートナーズに転職。以来、ＩＴ投資計画策定、人事、会計、販売管理、顧客管理、ワークスタイル改革、全社戦略立案など、幅広い分野のプロジェクトに参加。

「空気を読まずに、お客様にとって本当に正しいと思うことを言い、お客様とともに汗をかいて実行しきること」が、コンサルティング・モットー。

基本的に経営幹部・業務担当者・ＩＴ部門の三者を結びつけ、共通のゴールに向けて後押しすることで企業変革に貢献している。講演やトレーニングを多数実施する他、ブログでも経営とＩＴをテーマに発信中。幅広いファンを持っている。

共著に『反常識の業務改革ドキュメント』『業務改革の教科書』（ともに日本経済新聞出版社）がある。


会社のＩＴはエンジニアに任せるな！

――成功率95.6%のコンサルタントがＩＴ嫌いの社長に教えていること

2015年12月３日　第１刷発行

著　者――白川 克
発行所――ダイヤモンド社
〒150-8409　東京都渋谷区神宮前6-12-17
http://www.diamond.co.jp/
電話／03･5778･7234（編集）　03･5778･7240（販売）
装丁――――萩原弦一郎／藤塚尚子（株式会社デジカル）
本文デザイン――布施育哉
製作進行――ダイヤモンド・グラフィック社
印刷――――堀内印刷所（本文）／慶昌堂印刷（カバー）
製本――――宮本製本所
編集担当――久我 茂

ISBN 978-4-478-06758-1